tarihten günümüze

ALEVİLİK ve KIZILBAŞLIK

Hasan KAYA

**tarihten günümüze
ALEVİLİK ve KIZILBAŞLIK
-Hasan KAYA-**

Yayın No: 15

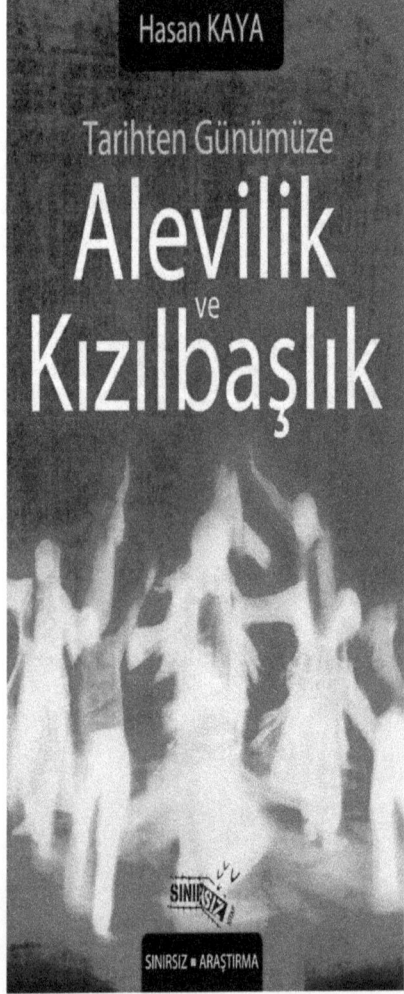

ISBN: 978-605-85910-6-6

Yayıncı Sertifika No: 27867

4. Baskı
Ekim-2013/Ankara

Redaksiyon
Serkan Akkuş

Kapak Tasarım
Leyla Çelik

Mizanpaj
Sınırsız

Baskı
Kardelen Ofset – Ankara
Sertifika No:13337
0312 432 13 78

© Bu kitabın tüm yayın hakları **Sınırsız** Kitap Basım Yayın Dağıtım'a aittir. Yazılı izin alınmadan kısmen veya tamamen hiçbir yolla kopya edilemez, çoğaltılamaz ve dağıtılamaz.

SINIRSIZ
KİTAP ve YAYINCILIK

İncesu Caddesi 29/B
Çankaya/Ankara

0312 434 30 31 / 0533 367 48 60

www.sinirsizkitapyayin.com

sinirsizkitapyayin@gmail.com

Okumak özgürleştirir...

tarihten günümüze

ALEVİLİK ve KIZILBAŞLIK

Hasan KAYA

Genişletilmiş ve Düzeltilmiş
Dördüncü Baskı

Ankara - 2013

Sevgili babam
İsmail KAYA'nın anısına

İçindekiler

Önsöz 9
Sunuş 13
Günü Anlama 19
Din 25
Güçlenen Alevilik 33
Alevilik ve İslam İlişkisi 43
Alevilik Tarihi 51
Dedelik Kurumu 73
Allah Muhammed Ali Üçlemesi Veya
  Alevi Teolojisi 83
Alevilik Bir Bütün müdür? 97
Aleviler ve Kadın 111
Söylenceler İnancı 117
Sünniler ile Alevîler Arasındaki İlişki 123
Dersim Zara Kızılbaş Kimliği 131
Zerdüşt Öğretisi ve Zerdüşt Öğretisinin
  Aleviliğe Etkisi 143
Aleviler ve Laiklik 153
Aleviler İlerici midir? 157
Köylü Ayaklanmaları ve Aleviler 163
Babai İsyanlarını Oluşturan Nedenler 165
Toplum Yaşamında İnançlar 173
Son Söz 181
Kaynakça 183

4. Baskıya Önsöz

Elinizdeki kitabı 4. baskı için gözden geçirdiğimizde kitapta ele alınan konuların hâlâ güncelliğini koruduğunu gördük. Birçok konunun bizim ele almamızdan yıllar sonra Aleviler arasında bir tartışma konusu olduğunu görmek yapılan tespitlerin ne kadar yerinde olduğunu gösteriyordu. Diğer yandan birçok noktada eklerle geliştirilmesi de zorunluydu.

Bu kitabı ilk yazmaya başladığımızda bildiğimiz, yaşadığımız Alevilikten yola çıkarak kaleme almayı planlıyorduk. Ancak bunun Aleviliği ve Alevileri anlamak için yeterli olmadığını görmek çok da geç olmadı. Özellikle kitap üzerinden Alevi kurumları ve yöneticileri ile içine girdiğimiz iletişim, çalışmanın yeniden ele alınmasını da kaçınılmaz kıldı. Bu yakın ilişki ile edindiğimiz ilk izlenim bildiğimiz yaşadığımız Aleviliğin zaman içinde farklılaştığı oldu. Bunun çok doğal olduğunu baştan söylemek gerekiyor. Zira Aleviler zaman içinde büyük değişimler yaşadı. Büyük bir kitlesi artık şehirlerde yaşayan, kırın dar, kapalı yapısının dışına çıkmış ve yaşamları ve yaşamlarını kazanma biçimleri farklılaşmış olan Alevilerin inançları ve inançlarını yaşama biçiminin de değişime uğraması ve yeni koşullara uyarlanması son derece doğaldı.

İnançların tüm değişmezlik iddialarına rağmen sürekli değiştiğini ve geliştiğini biliyoruz. Aksi halde hiçbir inancın ve düşüncenin yaşama şansı olamazdı. Alevilerin sınıfsal konumlarının değişip farklılaşması Aleviliğin de değişime uğramasını zorunlu kılmıştı. Bu iç etmenlerin yanı sıra dış etmenleri de burada anmak gerekir. Farklılaşan Aleviliğin yaşadığı değişimde bu dış etmenlerin etkisi daha yıkıcı olmaktadır. Bunların başında devletin ve resmi inancın Aleviliğe karşı aldığı tavrın altını çizerken, dışarıdan her saldırının Alevileri kendi içlerinde yakınlaşmaya ve dayanışmaya ittiğini de belirtmemiz gerekir. Zira bir inanca veya bir topluluğa dışarıdan yapılan her saldırının onu kendi içine kapanmaya ve kendi değerlerine daha çok sarılmaya götürdüğünü biliyoruz. Bu anlamda Aleviliğe devlet ve diyanet eliyle yapılan saldırıların ikili bir etkisi olduğunu söyleyebiliriz. Bu etki bir yandan Alevileri daha çok inançlarının özü ile buluşmaya iterken, bir kısım Alevinin de devletin ve diyanetin etki alanına girdiğini söylemeliyiz. Devletin ve resmi inancın en çok etki alanına girenler, şaşılacak şekilde kendisine Alevi aydını yaftasını yakıştıranlar olmuştur. Onların eliyle Aleviliğin kendi değerlerinden ve inancın özünden koparılmaya çalışıldığını söylemek daha doğru olur.

Yaşayan Alevilikten kopuk ve dilini anlamadan yapılan birçok çalışma ile Aleviler sonu gelmez tartışmaların içine çekilmişlerdir. Alevi tarihi üzerine yapılan çalışmaların hepsinin bir yanlış yöntem sorunu olduğunu, dinlerin ve inançların tarihini ele almadaki yanlışlığı, işledikleri konuya yansıttıklarını ve içinden çıkılmaz bir kafa karışıklığına neden olduklarını gördük. Bu yüzden kitabımızın bu dördüncü baskısına "Alevi Tarihi" başlığı ile yeni bir başlık eklemek zorunda kaldık. Bu başlık altında genel olarak tarihin ve özel olarak da dinler ve inançların tarihinin nasıl ele alınması gerektiğini Alevi tarihinden örneklerle göstermeye çalıştık.

Bundan başka Alevi dedelerinin yaşadığı değişime işaret etmek gerektiğini ve bu değişimin geçmişle olan bağları kopardığını ve sonunda bu değişimin Aleviliğin sonunu hazırlamakta olduğunu göstermeye çalıştık. "Dedelik Kurumu" başlığı altında bu konudaki düşüncelerimizi açıklarken, kendimizi bazı çevrelerin saldırılarına açtığımızın farkındayız.

Bir diğer önemli ek; Alevilik için son derece önemli olan ve Aleviliği bildiğimiz diğer inançlardan ayıran tanrı bilimi anlayışıdır. Aleviliğin bir üçleme ile vardığı, bu anlayışın kökleri konusunda elimizden geldiğince gerilere giderek bu üçlemenin kökenleri hakkında bilgi verirken, Alevilerin bu üçlemeden ne anladığını göstermeye çalıştık. Üçlemenin İslami semboller ile yapılmasının yanıltıcılığından uzak durulması gerektiği ve İslam içinde Alevilerde bilindiği biçimi ile bir üçlemenin olmadığını da gözler önüne sermeye çalıştık.

İlk üç baskıda işlediğimiz diğer bölümlerin dilini sadeleştirerek daha anlaşılır olmasına çalışırken, Aleviliğin anlaşılmasına birçok yanı ile katkıda bulunmakla birlikte hâlâ eksiklerimizin olduğunu gördük. Bu eksiklerin zaman içinde giderilerek diğer çalışmalarımızda ele alınacağının sözünü vererek çalışmamızı değerlendirmenize bırakıyoruz.

Eylül 2013

Sunuş

Alevilik, son yılların sıcak tartışma konularından biri olma özelliğini koruyor. Devlet ve politikacıların olduğu gibi, bilimsel, akademik çevrelerin ve sol politik yelpazenin de ilgi odağı. Yakın bir zamana kadar mahallede, iş yerinde inançsal kimliği açığa çıkacak tedirginliğiyle tetikte yaşayan Alevi, şimdi Aleviliğini gösterir simgesel araçlarla kuşanıyor. Çaldığınız kapının girişinde, büyük bir Hz. Ali posteriyle çift ağızlı "Zülfikar" karşılıyor sizi. Adeta bir yeniden keşif yaşanıyor.

Mensup olduğu inançtan dolayı aşağılanan, alaya alınan, baskı ve şiddete maruz kalan bir kitlenin, demokrasinin asgari koşullarından biri sayılan "din ve vicdan hürriyeti" doğrultusunda inanç kimliğini alenileştirmesi ve serbestçe ibadet hakkını kullanabiliyor olması, ülkemizin toplumsal yapısındaki bir demokratikleşmenin göstergesi midir?

Yakın bir zamana kadar tabu sayılan bir konunun devlet ve hâkim politikacılar katında dile getiriliyor olması, bir mezhebe mensup insanların devletçe "kucaklanması" olumlu bir işaret midir?

Soruyu başka türlü soralım: Geçmişte adı "en sapkın" ideolojilerle birlikte anılan, dışlanan Aleviliğin bugün resmi bir tanınırlığa kavuşmasının sebebi hikmeti nedir acaba?

Sorular uzatılabilir. Ancak sorular çoğaldıkça cevaplar kısırlaşıyor. Çünkü gelişme, görünüş özellikleri bakımından aldatıcı yanlar taşıyor. Aleviliğin kucaklanması, toplumdaki demokratikleşmenin bir sonucu değil; Alevilerin geçmişteki muhalif özelliklerinin önemli ölçüde törpülenmiş olmasının sonucu olarak gerçekleşiyor. Bu durumda da devlet, Sünni inançlarından koparak, deyimi uygunsa dinsel özelliklerinden soyunarak, dinler ve mezheplerden bağımsız bir konuma çekilmek isteniyor izlenimi vermeyi yeğliyor. Alevilik, geleneksel İslam kalıpları içinde devlete kazanılıyor. Bu bakımdan olumlu gibi görünen gelişmeler, ciladan ibarettir. Bu anlamda da gelişmeyi sevindirici bulmanın imkânı yoktur.

Ama gelin görün ki gelişmeler bu konuda bir yayım patlamasına yol açmıştır. Demokratik atmosferin baskısıyla adeta yeraltına çekilmiş olan dedelik kurumu, şimdi nasıl tüm haşmetiyle cem evlerinin postuna kurulmuşsa, dinden kopuş karşısında çaresiz kalan yazar ve araştırmacılar da kalemlerini sivriltip Alevilik üzerine iyi laflar edeyim derken dini ve hurafeyi yüceltici yayınlara başladılar. Tabii bu arada gerçekten ciddi, tartışmaya değer, ilerletici eserler de yayınlanmaktadır. Fakat bu konudaki yayın sayısındaki artış, konunun her yönüyle aydınlandığı anlamına gelmiyor. Hatta birçok eser, bu konudaki bir dizi yanlış anlayışın daha da yaygınlaşmasının aracı haline geliyor.

Bu bakımdan bu kadar çok şey yazılmış olmasına rağmen, boşluk dolmamıştır. Bizi bu çalışmayı yazmaya iten de bu alanda tüm yazılanlara karşın bir boşluk olduğunu görmüş olmamızdır.

Çalışmanın övgü veya yergi olmaktan çok nesnel bir inceleme olmasını umuyoruz ki onun bir özgünlüğüdür. Öte yandan Aleviliği, genel olarak din ve İslam diniyle ilişkisi, Anadolu'da İslamiyet öncesi dönemlerde yaşanmış olan dinler, söylenceler ve uygarlıklar ilişkisi içerisinde ele almış olmamız da bu çalışmanın gereksiz olmadığını düşündürtecektir kanaatindeyiz. Ayrıca Alevilik konu edilirken üstünden atlanan Kızılbaşlık ve Kızılbaş inancına bağlı Dersim Zazaları üzerinde özel olarak durmuş olmamızın da çalışmamızın bir diğer özgünlüğü olduğunu söyleme cüretinde bulunuyoruz.

Güncel politik ortamın ve tercihlerin de bizi yazmaya yönlendirdiğini gizleyecek değiliz.

En başta, yukarıda şöyle bir değindiğimiz gibi bilinçaltına kadar işlemiş Alevi düşmanlıklarını, mide kaldırıcı bir sırıtkanlık altına gizleyerek Alevilerin huzuruna çıkan, Hacı Bektaş törenlerinde boy gösteren politikacı görüntüsünü katlanılmaz görüyoruz. Kimilerinin büyük bir safdillikle ve unutmuşlukla bunları alkışlamalarını kabul edemiyoruz.

Acılı bir geçmişi olan bir inancın ibadet özgürlüğünü savunma görevini, bir parsa kapmak beklentisiyle "Alevi yaltaklanması" düzeyine düşüren "eski solcular" ve "sınıf" ekseninden hepten kopmuş kimi "devrimci örgütler" bizde, "bu işin doğrusunu anlatmalı" duygusunu kamçıladı.

Açıkladığımız duyguların yönlendirmesiyle ağır fabrika işçiliğinin yanı sıra yürüttüğümüz ve yıllarımızı alan bu çalışmayı okuyucunun dikkatine sunmanın yorgun mutluluğunu yaşıyoruz. Çalışmanın pek çok noktada eksiklikler ve kusurlar taşıyabileceğini daha baştan hesaba katıyoruz. Ama bu çalışma, sorunun nesnel ele alınışı bakımından uyarıcı bir işlev görür, var olan tartışmaya yeni bir boyut kazandırırsa, kendimizi amacına ulaşmış sayacağız.

Bir kalksın ortalığın tozu dumanı
Görürsün at mı eşek mi bindiğin...

Şeyh Bedreddin

GÜNÜ ANLAMA

Politikacısından bilim insanlarına kadar herkesin dilinde aynı nakarat: İnsanoğlu bilginin doruklarında, yaşam bugün her zamankinden daha çok bilgi ile yönlendiriliyor.

Çağımız bilgi çağı... Kitle iletişim araçlarının ulaştığı bilimsel teknik düzey sayesinde dünyanın her köşesi ile ilişki kurmak mümkün. Hatta uzayın derinliklerine uzanan insan sesi, başka galaksilerde akıllı yaratıkların olabileceği varsayımıyla onlarla ilişki kurma çabasında. İletişimin son derece gelişmiş olması bilgiye ulaşma sürecini hızlandırıyor ve her tür bilgiye ulaşmayı olanaklı kılıyor.

Ancak bütün bu söylenenlere rağmen dünya nüfusunun yarıdan fazlası açlığın ve hastalıkların pençesinde, ve bildik nedenlerle az gelişmiş ve gelişmekte olan ülkeler, hâlâ sömürülmekten ve ilkel şartlarda yaşamaktan bir türlü kurtulamamaktadırlar.

Yer yuvarlağımızın birçok köşesinde bölgesel savaşlar sürmektedir. Bu savaşlarda ölenlerin sayısı İkinci Dünya Savaşı'nda ölenlerin sayısını çoktan aşmış bulunuyor. Dünya ölçeğinde sorunlara ulusal düzlemdeki sorunlar ekleniyor. Nüfus hareketliliği, göçler, düzensiz şehirleşme, ekonomik ve sosyal olaylar ülkeyi bir bunalımdan bir diğerine taşımaktadır. Milyonlarca insan durumundan hoşnut olmadığını değişik biçimlerde dile getirmektedir. Ülkenin genel panoramasına bakıldığında durumundan hoşnut olan hiç kimse yok gibi; sermaye sınıfı elbette ki bu genellemenin dışında; ama servetlerin eşitsiz, dengesiz dağılımına rağmen egemen güçler de yakınmaktan geri durmuyorlar. Yüzde doksan dokuzunun Müslüman olduğu söylenen bir toplumda "dinsel değerlere" ters düşen ne varsa günlük yaşamın bir parçası olmuş. Fuhuş, sahtekârlık, yolsuzluk çoktandır kanıksanmış yaşam biçimi düzeyine ulaşmış bulunmaktadır.

Toplum sürekli ve hızla değer yitimine uğrarken bireylerin ruhsal bunalımlara düşmesi kaçınılmaz olmaktadır. Bunun bir sonucu olarak intihar olgusunun giderek yaygınlaşması, içki ve uyuşturucu bağımlılığının da aynı oranda artış göstermesi kaçınılmaz olmaktadır. Bütün bunlar toplumun altüst oluşuna insanların gösterdiği ruhsal tepki biçimleridir. Çağın ve insanın bilgi birikimine rağmen bunca sorunla baş başa kalışına ve toplumsal değer yargıları gibi eski yaşam biçimlerinin artan oranda sarsılıp yok olmasına koşut olarak, eskiye sarılma ve günün getirdiği her şeyi reddederek geçmişe dönmeyi hayal eden insanların olması da anlamlıdır. Bu çevreler büyük ölçüde dine yönelmektedir. Bu yönelişin iman sahibi olmakla bir ilişkisi olmadığı kesindir. Din ve genel olarak inançları üzerine yeni keşfedilmiş ve öğrendikleri hiçbir şey olmadığı halde dinin ve mistisizmin kollarına kendilerini bırakmaktadırlar.

Batıda da durum pek farklı değil. Dinsel kurumların, genel olarak kilisenin halktan kopmuşluğuna çareler arayışı bir yandan sürerken, diğer yandan buna paralel olarak Uzak Doğu felsefesi ve inançlarından derlenmiş düşüncelere bağlı onlarca *sektin* oluşmuş olması da bu bağlamda açıklanacak bir olgudur. Bizde de İslam adına gelişen hareketlerin İslamiyet'in bilinen biçiminden çok farklı olduğu görülmektedir. Hepsi de gerçek İslam'ın kendileri tarafından savunulduğu, uygulandığı düşüncesini ileri sürmektedirler. Bu yalnızca Sünni çevrelerce savunulan bir sav değil. Aleviler de artan oranlarda benzer görüşler ileri sürerek diğerleriyle yarışmaktadırlar. Bu ve benzer gelişmeler inanç çevrelerinin kendilerini koşullandırması ve giderek dar kalıplar ve doğmalar içinde katılaşmasına yol açmaktadır. Her inanç kendi içine kapandığı oranda katılaşma eğilimi içine girer. İnançların katılaşması yaşamın canlı gelişiminden kopması anlamına geleceğinden bugün ile olan tüm bağlar koparılır ve yalnızca geçmişte yaşanmaya başlanır. Giderek katılaşan inanç, sonunda o inancın insanlarını da katılaştırır. Katılaşan insan kendisiyle ve çevresiyle ilişki kurmakta zorlanır.

Günlük yaşamın her alanında bilim ve tekniğin onca gelişmişliğine rağmen karşılaştığımız onlarca olumsuzluk bir türlü aşılamamaktadır. İnsanlar bugün her zamankinden daha fazla yalnız ve mutsuzdur.

Dine dönüşün insanın mutluluğunu sağlayacağı öngörüsü tam bir safsatadır. Dinci çevrelerin geçmişten aktardıkları mutluluk tabloları birer yanılsamadır. Geçmişte yaşanmış ilişkilerin günümüze uygulanabilirliğini kanıtlayacak hiçbir rasyonel kanıt ileri sürülmemesi bir yana, "Devrisaadet" gibi tarihsel dönemlerin ne olup olmadıkları sorgulanmadan, iyi oldukları kabul edilmektedir. Oysa Eski Yunan'ın Atina demokrasisi, nasıl yalnızca "Yurttaşlara" açık idiyse, İslam demokrasisi de "Müminleri" içeriyordu sadece ve böylece "kısmi" bir nitelik gösteriyordu giderek, eşitçi değildi.[1]

Bu eşitçi olmayan yanı görmezden gelen İslamcı yazarlar, İslam'ın bir yaşam tarzı ve yönetim biçimi olabileceğini bize öneriyorlar. İçinde yaşadığımız çağı kavramakta güçlük çeken, anlama çabasının zahmetine katlanamayan, hatta bunun imkânsız olduğunu düşünen insan, çağını anlayıp yorumlayamaz ve yarın için düşünce üretemez. Bu noktada geçmişe dönmek, orada var olduğuna inanılan hazır reçetelere sarılmak bir önem kazanmaya başlar.

Tarihsel süreç içinde geride kalan her dönem işlevini yitirdiği için tarih sahnesini kendisinden sonra gelen ve daha ileri olan, günün ihtiyaçlarına yanıt veren bir oluşuma bırakır.

İnsanlık bütün tarihi boyunca daha iyi ve mutlu yaşamak için doğaya ihtiyaçları doğrultusunda egemen olmak istemiştir. Doğaya hâkim olma ve onu dönüştürme süreci insanın içinde yaşadığı toplumsal sistemlerin oluşumuna ve dönüşümüne neden olmuştur. Her dönüşüm bir önceki döneme oranla insanlar için daha ileri bir aşamayı temsil etmektedir. Ancak bu hiçbir şekilde insanlığın bu alandaki son noktaya ulaştığı anlamına gelmez. Yolun henüz başındayız. Eşitlik ve özgürlük özlemi, insanlık tarihi kadar köklü bir özlem olsa da mevcut sistemin insanlığın kurtuluşu hedefiyle değiştirilmesi için verilen mücadele, uzun insanlık tarihinin kısa bir dönemine denk gelir. Bu yüzden de henüz yolun başında olduğumuz tespiti doğrudur.

Her tarihsel dönem kendisinden önce gelen dönemi yadsır ve ondan daha ileri bir aşama olarak kendini egemen kılar. Geçmişin birçok eksiğini, olumsuzluğunu aşmış olarak şekillenir. Ancak bu, hiçbir şekilde yeni

---

[1] İslam Çağımıza Yanıt Verebilir mi? Server Tanilli, Say Yay. Sf:104

olanın kendi içinde birçok olumsuzluğu taşımadığı anlamına gelmez.

İlkel Komünal Toplumdan çıkışta toplumun sınıflara bölünmesi ve onu izleyen dönemlerde tüm toplum için, genel geçer ve toplumun tümü tarafından kabul gören uygulamaların olduğundan söz etmek olanaksızdır. Toplumun farklı sınıflara bölünmüş olması bir anlamda çıkarların karşıtlanması anlamına gelir. Bir sınıfı hoşnut eden durum, ötekinde öfke doğurur. İçinde yaşadığımız çağı ve toplumu anlayabildiğimiz oranda onu yorumlayabilir ve dönüştürebiliriz. İnsanlığın asıl hedefinin bu olması halinde geçmişe dönüşler azalacak ve belki de birgün tarih bilimi ilk kez gerçek anlamda tamamen insanlığa hizmet etme şansı yakalayacaktır.

Geçmişin irdelenmesi, günü anlama ve yorumlamada bize yardımcı olacağı gibi, geleceğin yapılandırılmasında da bize yol gösterici olacaktır. Bu yapılabildiği oranda tarih bilimi bir bilim olma niteliğine kavuşacaktır. Tarih şu anda algılandığı haliyle hiçbir şekilde olaylar ve olgular yığını olmadığı gibi, söylencelerle bezenmiş hayal ülkesi de değildir.

Tarih konusunda yapılan en büyük yanlışlar genelde din konusundadır. Bu yanlışlar günümüzde de hâlâ devam etmektedir. Dinsel inançları doğrultusunda tarihi kullananlar bir yana, bilimsellik savıyla yazılan birçok eser, topluma ve insanlara ters düşmeme adına din övgüsüne dönüşmektedir. Bu da tarih bilimini bilim olmaktan çıkarmaktadır. Bu alanda bir şey yazmak sanıldığı kadar kolay değildir. Mevcut olan kafa karışıklıkları bir yana dinsel çevrelerin radikal tepkileri, hesaplanamaz karşı çıkışları -ki bunlar katliamlara kadar varmakta- oldukça ürkütücü boyutlardadır. Diğer yandan buna tüm "laiklik" savlarına rağmen devletin getirdiği yasaklar, koyduğu engeller eklenince bu alanda bir şeyler yazmak, söylemek hepten zorlaşmakta ama bir o kadar da gerekli olmaktadır.

Ne yazık ki bu olumsuzluklar bu alanda söz sahibi olan birçok kişiyi yazmaktan, inandıklarını söylemekten vazgeçirmektedir. Bunun doğal sonucu oluşan bu boşluğun yetersiz, bu alanda en son konuşması gerekenlerce doldurulup kullanılması, sürekli şikâyet ettiğimiz; gündelik yaşamın giderek daha çok dindarlaşması, dinsel önyargılarla şekillenmesi ve toplumun bildik, şikâyet ettiğimiz sorunları yaşaması olarak karşımıza çıkmaktadır.

Her alandaki kafa karışıklığı ve keyfi yaklaşım, tarih konusunda sıklıkla karışımıza çıkıyor. Tarihin bir tekrar olduğu nakaratıyla başlayan, sıkışıldığında "Bunları bilmenin bugüne ne faydası var?" söylemiyle süren ama bolca "Üç kıtaya hükmederdik, Viyana'nın kapılarına dayandık..." gibi anlamsız övünmeler için kullanılan tarihsel çarpıtmalar ve yapılan bu haksızlık topluma ve insanlarımıza oldukça pahalıya mal olmaktadır.

Çok az sayıda yapılan çalışmayı yüreklice ortaya koyanlar da eleştirilmekten ve yerden yere vurulmaktan nasibini bolca almaktadır. Bu yüzden de bu alanda yapılan bütün çalışmalar tüm eksiklerine rağmen topluma, bugüne ve insana verdikleri değerden dolayı övgüyü hak etmektedirler.

DİN

Dinin genel kabul gören bir tanımı yok. Bu konuda ortaya konmuş her çalışma onu yazanın dünya görüşü, hayatı anlama ve yorumlamasına bağlı olarak farklılıklar gösterir. Bu alanda yazılanların çeşitliliğine rağmen genel olarak bilim ve mantığın sınırları içinde varılan tanımlar ile bilimi ve mantığı reddeden duygular ve duyumlardan hareketle varılan tanımlar temel iki yaklaşımı oluşturur. Biz bilimin ışığında aklın ve mantığın kabul edeceği bir tanıma ulaşmaya çalışarak devam edelim.

Din; insanın "Kutsalla" ya da daha somut bir deyişle, "Tanrı"yla ilişkili inançlarının ve bu inançların kapsadığı doğmaların ve ibadet biçimlerinin tümü olarak tanımlanabilir. Başta, mutlaka bir kutsala ya da temel bir varlık olarak "Tanrı"ya inanç var; onun yanı sıra da, doğmalar ve tapınmanın çeşitli biçimi ve görünüşleri. Dinler, örneğin İslam'ı Hristiyanlıktan ayıran da, daha çok bu doğmaların içeriği ve ibadetlerin türü. Yalnız "Kutsal"la yetinen örneğin Budizm gibi tanrısız bir din olabilir; ama dogmasız ve ibadetsiz din olmaz.[2] Yukarıda yaptığımız aktarmadan sonra sorunun daha iyi anlaşılması için konuyu biraz daha açtığımızda; dinin tarihsel ve sosyal olduğu kadar, psikolojik bir olgu olduğunu da görürüz. Bütün bunları gözden kaçırmadan dinin tarihsel süreç içindeki gelişimini özetlemenin doğru olacağına inanmakta olduğumuzu hemen belirtelim. Ancak bunu yapmadan önce bir adım daha ileri giderek

---

[2] İslam Çağımıza Yanıt Verebilir mi? Server Tanilli, Say Yay. Sf:11

Erich Fromm'un "Psikanaliz ve Din" adlı çalışmasından kısa bir bölüm aktaralım. Yazar çalışmasında; "Din, insanın kendi dışındaki doğa güçlerini ve kendi içindeki içgüdüsel güçleri göğüslemeye uğraşırken yaşadığı çaresizliğin ürünüdür."[3] saptamasını yapar. Bu bağlamda "Din, bir inanç sistemi olarak insan ruhunun bir gereksinmesini karşılar; çevrede, evrende sırrına varılamayan olay ve olguların açıklanması için yoruma kapalı da olsa özel bir alan oluşturur. Tapınma yönüyle de ruhsal bir boşalım sağlayarak manevi bir güç verir, aynı zamanda güncel yaşayışı etkiler."[4]

İnsan, çevresinde olup biteni dayanılmaz ve karşı konulmaz bir istekle anlamak ister. Ancak insanın çevresinde olup biteni anlaması sanıldığı kadar kolay olmaz. İnsanın doğaüstü güçlere yönelmesinin tek nedeninin doğada ve toplumda olup biteni anlama ve tanımlama isteğinin olmadığını hemen belirtmek gerekir. Bir başka neden de insanın ruhsal ve toplumsal olarak birlikte yaşama güdülerine sahip olmasıdır. Ortak değerlere bağlanma ve ortak hedeflere yönelme toplumsal yaşamın vazgeçilmez koşullarındandır. Tarih öncesi dönemin insanı için daha çok geçerli bir nedendi. Neredeyse bir arada olma, birlikte yaşama bir zorunluluktu.

Birçok bilim adamı ve konunun uzmanı din olgusunu doğaüstü güçleri içeren ve onlara tapınmayı öngören sisteme indirgemekten kaçınırlar. Bunlar dini, "Topluluğun bireylerince paylaşılan ve o bireylere belli bir yöneliş, belli bir bağlanma amacı kazandıran herhangi bir düşünce ve eylem sistemi"[5] olarak görürler. Bu bakış

---
[3] Psikanaliz ve Din, Erich Fromm Sf: 204
[4] Şerafettin Turan; Türk Kültür Tarihi Türk Kültüründen Türkiye Kültürüne ve Evrenselliğe, sf 83 – 84
[5] Psikanaliz ve Din, Erich Fromm Sf: 21

açısı kendisini din olarak tanımlayan inanç dizgelerinden farklı ve ona karşı bir konumda gören inanç dizgelerini de içermesiyle dine daha geniş bir anlam kazandırır. Bu aynı zamanda dinin ideoloji bağlamında ele alınması gerektiği gerçeğini ortaya koyar. Tam da bu noktada, dinci çevrelerin yükselen itirazlarıyla karşılaşırız.

Dinin ideoloji olmadığını, olamayacağını ileri süren dinci çevrelerin tepkisel çıkışları, ideolojiyi tanım olarak bilmediklerinden değildir. Dinin ve ideolojinin işlevsel tanımı yapıldığında bu iki kavramın birbirleriyle örtüştüğünü onlar da görüp kabul etmektedirler. Ancak genel olarak teologların ve bizdeki "İslamcı aydınların" karşı çıkışlarının nedeni; birinin insan yaratması, diğerinin de Tanrı yaratması olduğu yolundaki öznel önyargıdır.

Dinlerin tarihi aynı zamanda düşüncenin tarihidir.

Toplumsal yaşamın ilk evresinde insanın yaşamını sürdürebilmesi sanıldığı kadar kolay değildi. Doğa karşısında savunmasız olan vahşet çağının insanı, doğayı dönüştürme eylemine girişerek kendisinin de dönüştürülmesi eylemini başlatmış oldu. Bir başka söyleyişle; yaşamak için üreten insan, insan olmanın gereği olan maddi ve manevi varlığını oluşturmasının ön koşulunu da oluşturmuş olur.

Doğa olayları karşısında savunmasız olan vahşet çağının insanı, sel basmaları, gök gürlemesi, yıldırım düşmesi ve diğer birçok doğa olayını doğaüstü güçlere bağladı. Barınağını basan suyun, olur olmaz gürleyen göğün, çakan şimşeklerin, düşen yıldırımların, lav püskürten yanardağların kendisinden hoşnut olmayarak onu uyaran bir gücün eylemleri olduğu düşüncesine vardı.

Vahşet çağının insanı için doğada yaşamasını zorlaştıran bazı güçler olsa da yine aynı doğa ona, hiçbir çaba sarf etmeden ısınmasını sağlayan güneşi, gece karanlıkta yolunu bulmasına yardımcı olan ayı, beslenmesini kolaylaştıran birçok bitkiyi ve kökün yetiştiği toprağı da sunmuştur. Doğada olup biten her şey kendisinin dışında var olan iyi ve kötü ruhların (güçlerin) işidir. Buradan hareketle, ilkel insan, doğadaki tüm canlı cansız nesneleri iki sınıfa ayırır ve bu güçlerin kendisi gibi düşünen, bilerek hareket eden güçler olduğunu sanır. İyi ruhların kendisine yardımını sürekli kılmak amacıyla danslar eşliğinde dualar eder. Aynı şekilde, kötü ruhların kendisine kötülük yapmalarını engellemek için genellikle dans eşliğinde sözel dualar oluşturur. Onları kızdırmaktan özenle kaçınarak ibadet biçimleri oluşturur, büyüler yapar. "Büyüleri, duaları soyut ve uzak ilişkilere değil, bir eylem öngörüsüne dayanır."[6] Yaşamını sürdürmesi için gerek duyduğu nesneleri edinebilmek veya korunmak, beladan kurtulmak için dua ve büyü yapmaktadır. "Din dünyası, gerçek dünyanın yansımasından başka bir şey değildir."[7] Bunu ilkel inanış ve dinlerde daha somut olarak gözlemlemek olanaklıdır.

İnsan barınma, giyim ve beslenme ihtiyacını karşılamak için giriştiği faaliyette doğayı ve kendini dönüştürür, gelişir ve yetkinleşir. İnsan yaşamını sürdürmek ve daha iyi yaşamak ereğine ulaşmak için geliştirdiği üretim aletleri ile doğayı, kendini ve üyesi olduğu toplumu da değiştirir. Yaşamını kazanma biçimi toplumsal ilişkilerini ve düşüncelerini, inançlarını da değişikliğe uğratır. Bundan dolayıdır ki, her tarihsel dönemin kendine özgü geçerli ahlâk anlayışı ve dinsel

---
[6] Aydın Çubukçu, Mantık ve Diyalektik, sf. 18 Evrensel Basım Yayın
[7] Karl Marx, Kapital I Cilt sf 94 Sol Yayınları

fantezileri olmuştur. Dinsel inançların evrimi geçmiş çağlarda olduğu gibi bugün de sürmektedir. Kitap dinleri olarak da tanımlanan tek Tanrılı dinlerin tüm değişmezlik savlarına karşın değiştikleri ve hâlâ değişmekte oldukları, farklı tarikat ve mezheplerin oluşumlarıyla kendini göstermektedir.

İlkel toplumların inançlarından hareketle insanın doğa, kendisi ve toplum hakkındaki düşünüşünün eriştiği düzeyi anlamak mümkündür. Çünkü inançlar, onun toplumsal örgütlenişi, o toplumda hâkim olan üretici güçleri ve üretim ilişkilerini göstermesi bakımından anlanılıdır.

Doğadan toplanan bitki ve köklerin temel beslenme kaynakları olduğu İlkel Komünal Toplum ve vahşet çağında, insanın toprağı kutsaması kadar doğal bir şey olamazdı.

Öyle de oldu.

İlkel insan, yaşamını sürdürmesi için gerekli olan nesneleri cömertçe veren toprağı, Tanrıların anası olarak nitelendirdi. Toprak doğurgan bir kadına benzetildi. "Anaerkil dönem" diye de anılan bu döneme ait tüm inançlarda, kadının toplumsal yaşam içindeki rolüne paralel biçimlerdeki inançlarda kadın etkisi gözlemlenir. Toprak tanrısal niteliğinin yanı sıra "ana" nitelemesiyle birlikte anılır.

İnsanlık tarihinin her döneminde dinden söz etmek olanaksızdır. Vahşet çağının insanlarının da inançları elbette olmuştur ancak bunu din olarak tanımlamak doğru olmaz. Din kurumları, emir ve yasaklarıyla öngördüğü yaşam anlayışının bir bütünlüğe ulaşılmasını gerektirir. İlk insanların inançlarında emreden ve insanın kendinden çok uzaklarda bulunduğuna inanılan "Kutsalın" yerine; yanı başında olan ve insanın ihtiyacına ulaşması ile inancının doğru orantılı olduğu bir kutsal söz konusudur.

Her doğa olayını doğaüstü bir güç temsil etmekteydi. Bu tanrıların insanlara emrettikleri, yapmalarını şart koştukları, hatta bu emir ve yasakları gerçekleştirmek için bir yaptırım güçleri olduğunu göremiyoruz. Bu dönemin tanrıları, tanrıçaları gönüllerinin istediği gibi davranmaktaydılar. Doğanın düzenlenmesi, yağmurların yağdırılması, havanın soğuması ve ardından baharın gelmesi, doğanın canlanması onların gönüllerine bağlıydı. İnsanlar tanrıların kendilerinden yapmalarını istedikleri bir şey olmamasına rağmen gönüllü olarak, daha çok da onları ikna etmek amacıyla törenler düzenlerlerdi. Burada kutsal olan ile insan ilişkisinin çok farklı olduğunu söylemek gerekir. Bu ilişki, daha sonra emir ve yasaklarıyla insanlara neyin yapılıp neyin yapılmayacağını emreden Tanrı ile insan ilişkisinden, tamamen farklı bir ilişkidir. İnançlarının aldığı biçim ve uygulaması kutsal ile olan ilişkilerinde dışa vurur.

Emir ve yasaklar ile yaşamı düzenleyen Tanrı ve onun adına yaptırım gücü olan kurumların oluşmaya başlaması, inançların değişiminin başlıca göstergesidir. Bu noktadan itibaren dinin gerçek anlamda tarih sahnesine çıkmasına tanıklık etmekteyiz. Dinin toplumsal bir kurum olarak tarih sahnesine çıkışı devletin ve özel mülkiyetin tarih sahnesine çıkışı ile aynı döneme denk düşer. Devlet denen organizasyon din ve din kurumlarıyla varlığını pekiştirir. Devlet ne kadar dine gereksinim duyarsa din de o kadar devlete gereksinim duyar. İslamiyet'in ortaya çıkışı ve gelişmesi kısa bir süre sonra devlet örgütlenmesinin oluşmasını zorunlu kılar.

İslamiyet öncesi devlet örgütlenmesine rastlamadığımız Araplar; İslamiyet sayesinde ilk devletlerini kurmuşlardır. Toplumsal yapıların ve insanlar arasındaki ilişkilerin değişimine paralel olarak toplumsal örgütlenmelerin ve organizasyonların yapıları da değişikliğe uğrar.

Ruhlar âleminden doğayı yöneten tanrılara, oradan bütün bu doğaüstü güçleri yöneten ve hepsinin üzerinde bir gücün olduğu düşüncesinin oluşmaya başlaması, dolayısıyla tek tanrılı dinlerin oluşumu toplumsal yaşamla doğrudan ilişkili bir olgudur. Bir anlamda toplumsal pratiğin düşünsel alandaki yansımasıdır bu.

Din ve buna bağlı olarak Tanrı düşüncesi insan yaşamında oldukça geniş bir alanla örtüşür. Bu örtüşme toplumun içinde devindiği ekonomik yapı ve ona denk düşen üstyapı kurumlarının niteliğine göre farklılıklar gösterir. Bilim ve teknolojinin daha az kullanıldığı ekonomik sistemlerde din daha hâkim bir unsur iken bunun tersi toplumlarda din ve doğaüstü inanç dizgelerinin toplumsal yaşama etkileri daha az ve sınırlı olur. Yani, "Bir halk ne denli çok bilgi edinir ve yetkinleşirse, doğaüstü olan şeylere karşı inancı da o denli azalır ve zayıflar."[8] İnsan yaşamında geniş bir alanı kapsayan Tanrı ve din, elbette ki onun yaşamı üzerinde etkilerde bulunur. İnsanların yaşamlarını etkilemeyen hiçbir din veya mezhep olamaz.

Tarihsel süreç içinde insanların saf, biraz da çocukça inançlarından tek tanrılı dinlere ulaştığını gördük. Bu süreç aynı zamanda tanrının ya da başka bir söylemle "Kutsalın" daha mükemmelleşmesi sürecidir. Bu, aynı

---

[8] Diderot (Abbe Barthelemy İle Diderot'un Konuşması) Çev. Server Tanilli, sf.73

zamanda insanın birçok şeyini yitirmesiyle eş anlamlıdır. Tanrı kusursuzlaştıkça insanın kusurları artar. İnsan sahip olduğu en iyi şeyi Tanrı'ya yansıtarak kendi kendisini yoksullaştırır.

"Artık bütün sevgi, bütün akıl, bütün adalet Tanrıdadır; insan ise bu niteliklerden yoksundur, bomboş ve zavallıdır."[9] İnsanın kendisine yabancılaşmasının tipik sonucu olarak din, onun yaşamı üzerinde etkide bulunmanın yanı sıra, toplumsal birçok haksızlığın kabul edilmesinin de nedeni olur.

İslamiyet'in zayıf iradeli insanı, azami iradeye sahip Tanrı karşısında güçsüz ve çaresizdir. Allah, en büyük iradeye sahip olmasının yanı sıra, gerçek adil olan, tek seven ve bağışlayan olduğuna göre, insanın bu alanlarda hatalar yapması kaçınılmazdır. İnsan bu anlayışla yalnızca Tanrı'sı ile olan ilişkilerinde değil, diğer insanlarla ilişkilerinde de bu şemaya uygun davranır. Kendinden güçlüler karşısında sinen, tüm haksızlıkları sineye çeken insan, kendisinden güçsüzleri ezme yoluna başvurur. İnsanın kendisine ve toplumsal gerçekliğe yabancılaşması bazen o düzeye varır ki, en us dışı sistemleri dahi kabul eden bir konuma düşmesine neden olabilir. İnsanların konuştukları dilleri ve dünya görüşleri yüzünden işkence görmelerini ve hatta öldürülmelerini onaylamalarını anlamak başka nasıl mümkün olabilir? İnsanın düşünsel özgürleşmesi sağlanmadan insan olması olanaksızdır.

---

[9] Psikanaliz ve Din, Erich Fromm Sf: 54
[9] Yukarıdaki alıntıda ki tespitler K. Marx'ın 1848 Elyazmaları kitabından alınmış gibidir. Marx şöyle demekte "İnsan Tanrıya ne kadar çok şey verirse, kendinde o kadar az şey kalır." sf.154. Erich Formm bu tespiti biraz açarak vermenin ötesinde bir şey yapmamıştır. Bu tespitin Marx'a ait olduğunu düşündüğümden bu notu düşmek gereği duydum

GÜÇLENEN ALEVİLİK

Alevilerin geniş bir kesimi, 1960'lardan itibaren ilerici hareketlerin doğal tabanı oldu. Bu gelişmeye koşut olarak dinsel inançlarında bir aşınma görüldü. Öyle ki kısa bir süre öncesine kadar Aleviler kendi inanç ve yaşam felsefelerinden kopma sınırına gelmişlerdi. Ancak birdenbire ve anlaşılmaz bir şekilde Aleviliğin canlanmasına tanık olduk ve gelinen noktada Alevilerin kısa zamanda yaygın örgütlü bir güç oldukları bir yana, hayatın her alanında seslerini yükseltmeye başladıklarına ve siyasetten ekonomiye, sanattan kültüre kadar çok değişik alanlarda belirleyici olmasalar da etkili olduklarına tanıklık etmekteyiz.

Bu yeniden dirilişin nedenleri üzerinde durmak, olayı birçok yanı ile irdelemek gereklidir. Ancak bazılarına göre Alevilik "Aydınlanma Çağı"na girmiştir ve olan şey de Alevi aydınlarının o miskin uykularından uyanması ile açıklanacak kadar basittir.

Elbette bu tür görüşler, nesnel gerçekliği açıklamaya yetmediği gibi bu açıklamalara kanmak için insanın oldukça saf olması gerekir. Bir diğer sav da Aleviliğin geçmiş kültürlerin bir aynası ve yaşayan temsilcisi olması nedeniyle yaşaması ve yaşatılmasının önemi başta devlet ve toplumun her kesimi tarafından kavranmış olmasındandır. Ancak gelişmelere bakıldığında amaç, geçmişe duyulan saygı ve verilen önemden öte, daha çok ideolojik kaygılara dayanmaktadır.

Alevilerin inançları ile yeniden buluşmasının asıl nedenlerinden biri hiç kuşku yok ki Türkiye kırındaki çözülme sürecidir. Giderek şehirlere doğru gelişen ve şehirleşmekten çok kırsal nüfusun şehirlere göçü ile sonuçlanan göç dalgası Alevilerin de şehirlere göçünü hızlandırdı. Kırın kapalı yapısı ve Alevilerin özellikle gözden uzak dağ köylerinde yaşamaları bir son bulurken Türkiye de bir gerçeği ile yüz yüze gelme şansı yakaladı.

Günümüzde büyük kitlesi şehirlerde yaşayan Alevilerin inançlarını yaşamalarının fiziki koşulları yaratılmadan inancın şehirlerde varlığını sürdürmesi olanaksızdı. Bu noktada cem evlerinin kurulması ve giderek yaygınlaşması da kaçınılmaz olmaya başladı. İnançlarını yaşamak isteyen Alevilerin bu konudaki her çabası kısmi zorluklarla karşılaşırken, özünde geçmişten bildiğimiz, alışık olunan tepkiyi görmemekte. Yasal zeminin, mevzuatın yetersizliğine rağmen, göz yummaların olduğu ve kolaylıkların sağlandığı da görüldü. Çünkü Aleviliğin yeniden canlanması, öteden beri Aleviler ile sol örgütler arasındaki ilişkiyi zayıflatabilir, yükselen Kürt meselesinde Alevi Kürtler ile Zazaların devlete kazanılması sağlanabilirdi.

Soğuk savaş yıllarında, ABD'nin yeşil hat politikasının bir sonucu olarak Sünni inançların önünün fazlasıyla açılmış olması ve gelinen noktada rejim için bir tehdit oluşturur düzeye gelmesi en azından devletin bir kesimi tarafından Aleviliğin dengeleyici bir güç olarak devreye girmesini zorunlu kılmaktaydı. Alevilere yüklenen laiklik misyonu tam da bu noktada anlam kazanmaktaydı. Alevilerin demokrasi yanlısı, Atatürkçü, laik ve cumhuriyetçi olduklarının farkına varılması tesadüfü olmadığı gibi bu vurgular başlı başına bir yönlendirmeyi içermekteydi. Ancak övülerek göklere çıkarılan ve bütün payeler ile onurlandırılan Alevilerin, neden bugüne kadar görülmezden gelindiği, kıyımlara uğradığı ise hiç sözü edilmeyen bir tabu olarak kalmaya devam ediyor.

Alevi örgütlenmeleri büyük şehirlerde ve yurt dışında yöre dernekleri olarak kurulan derneklerin zaman içinde inanç eksenli derneklere dönüşmesi ile bugünkü düzeye gelmiştir. Başlangıçta büyük şehirlerde ve yurt dışında hemşehri dayanışmasını amaçlayan ve zamanla Alevi örgütlenmesinin temel dayanakları olan dernekler ve bu derneklerin birleştiği federasyonlar yöre dernekleri olmaktan kurtulamamışlardır. Bunda bölgeciliğin ve yerel kültürlerin henüz güçlü olmasının izlerini görmekteyiz. Aleviliğin değişik yöre kültürlerinin bir dışa vurumu olduğu ve bu anlamda farklı yöre kültürlerinin bu derneklerde hâlâ yaşıyor olması çok doğaldır.

Alevi hareketinin ve Alevilerin güçlenmesini kendisine bağlamayı çok seven Alevi aydınlarının kısmi bir katkısı olmakla birlikte bunun sanıldığı gibi belirleyici olmadığını söyleyerek Alevi aydınlarını hayal kırıklığına uğratacağız. Kendileri de mevcut gelişmenin bir ürünü olan Alevi aydınların rollerini abartmaları da anlaşılacak bir şeydir. Bu tam da aydınların kendilerini her toplumsal gelişmenin öncüsü görme alışkanlığının tipik bir örneğidir.

Güç kazanan Alevilik birçok tartışmanın odağı olurken, Alevilik üzerine yazılıp çizilenler gerçek

Aleviliği anlama ve tanıma olanağı verebilecek düzeyde değildir. Güçlenen Aleviliğin yeni bir istismar alanı olurken sömürüldüğüne de tanıklık etmeye başladık. Birçok yazar ve araştırmacı Aleviliğin ne olduğunu, Alevilerin kimler olduğunu açıklamak yerine Aleviliği yerme işine soyunurken diğer bir kesim ise (daha çok Alevi yazarlar), Aleviliği olduğundan farklı bir kılıkta sunarak savunmaya çalışmaktadırlar.

Alevi yazarların kaygılarını anlamak hiç de zor değildir. Çünkü bütün tarih boyunca yerilmiş, iftiralara hedef olmuş bu inanca mensup insanların tepkisi, yanlışlar içerse de anlayışla karşılanmalıdır. Ancak, Aleviliğin tarih ve inanç dizgesi bağlamında yerli yerine oturtulması ne yazık ki birkaç çalışma dışında yapılamamıştır. Taşların yerli yerine konması bugün açısından olduğu kadar gelecek açısından da son derece yararlı olacaktır. Tarih içinde çok farklı kültürlerin oluşmasına neden olmuş, uygarlıkların yeşermesine yurt olmuş bu topraklar ve onun insanı kendine ait olanı yeniden keşfetme durumundadır. Aleviliğin bilinmesi, tanınması bunun için iyi bir fırsat vermektedir. Alevilik, Anadolu'nun dünü ile bugünü arasında uzanan bir köprü gibidir.

Her inanç geçmiş kültürleri inançları içinde saklayarak onların güne uzanan yeni bir yorumu gibidir. Böyle olduğu içindir ki her dinsel inancın içinde kendisinden önce gelen inanç dizgelerinden bir şeyler bulmak söz konusu olur. Tek tanrılı dinlerin hepsi çok tanrılı dönemleri kesin söylemlerle reddederler. Ancak bu reddediş sözde kalmanın ötesine geçemez. Kitap dinleri de denen tek tanrılı dinlerde oldukça büyük bir önem taşıyan bazı emirler, yasaklar ve yaptırımlar çok eskilere uzanırlar. Bunlar söylencelerin, masalların hâkim olduğu çok tanrılı dönemlere kadar uzanan bir geçmişe sahiptirler. Alevi inancı içinde geçmiş kültür ve uygarlıkların izlerini sürmek son derece kolaydır. Bu yüzden Alevilik üzerine bilgimizin artması Anadolu'nun dünü üzerine bilgimizin oluşmasına katkısı olacaktır. Alevilik, Anadolu'nun geçmiş mirası üzerinde var olduğunu saklamaz, bunu tanrı kavrayışı, inanç pratikleri ile bize açıkça gösterir.

Burada Aleviliğin İslam'dan etkilenme oranı ve İslam'ın içinde görülüp görülemeyeceği hiç de önemli değildir. Çünkü İslamiyet de doğduğu topraklardaki kültürlerden hatta daha çok da Arap Yarımadası'nı çevreleyen eski kültürlerden etkilenmiş, kendisine komşu olan kültürlerin etkisi altında kalmıştır. Bu inancın Anadolu'nun geçmişi ve kültürel birikiminin bir ürünü olan Alevilikten daha iyi ve kutsal olduğunu ileri sürmek saçma ve ispatlanması olanaksız bir görüş olur.

Güçlenen Alevilik, Alevilerin önüne yeni tartışma konularını da çıkarmakta gecikmez. En çok tartışılan konulardan biri hiç kuşku yok ki Aleviliğin İslam içinde olup olmadığıdır. Bu konudaki tartışma, Alevilerin kendi içlerindeki örgütsel bölünmelerden farklı olarak, ideolojik bölünmelere yol açan bir düzlemde hızla gelişmektedir. Aleviliğin kabul edilebilirliğini İslam içinde olması koşuluna bağlayan resmi görüşlere yakın duran kimi Aleviler, inançlarının kutsallığını da İslam ile ilişkilerinde aramaktadırlar.

Bir inancın diğerinden daha iyi ya da kutsal olduğunu ispatlamaya kalkmak hiç de anlamlı olmaz. Çünkü bir inancın kutsallığının o inancın içselliği ile bir ilişkisi olduğunu sanmıyoruz. Aksine bir inancı diğerinden daha iyi ve kutsal kılan şey; inanç sahiplerinin sübjektif aklama biçimleridir. İnsanlar bir şeylere inanma ihtiyacı duydukları sürece, inandıkları dinin gerçekten tanrısal olup olmadığını düşünmezler. Tanrı inancı bilinçli, somut verilere dayanan tasarımların bir ürünü değildir. Tanrıyı aramaya çıkmak için kimsenin elinde somut bir veri olmamıştır. Bunu ileri sürenler dahi tanrıyı aramanın başlı başına sıkıcı ve son derece yorucu ama boşa giden bir emek harcama olduğunu görerek bu çabalarını beylik soyut önermelere dayandırıp sonlandırmışlardır.

İnsanlık tarihi bir anlamda tanrının varlığının ispatlanması uğraşısının da tarihidir. Ama ne yazık ki, bu uğraş hâlâ bir son bulmuş değildir. Çünkü insanoğlu günümüze kadar tüm uğraşlarına rağmen bu düşünü gerçekleştirememiştir.

"Tanrıya ulaşmak, onun sırrına erişmek zordur" söyleminde özetlenen yılların emeğinin boşa harcanmasıdır. Ne var ki insanoğlu boşa giden emeğe aldırmadan bu konudaki arayışını inadına hummalı bir şekilde sürdürmektedir.

Yeryüzündeki tüm dinlerde ortak yanlar bulmak mümkün olduğu gibi birbirini dışlayan öğeler bulmak da olanaklıdır. Yüzlerce inanç içinden hangisinin makbul olduğunu aramanın akıllıca bir uğraş olmayacağı açıktır. Yapılması gereken günümüz ve insanlık için olumlu ve yararlı olacak öğelerin yaşatılması olmalıdır. Bu bağlamda bağnazlığa varan tutum ve davranışlardan kaçınmanın önemi ortaya çıkar.

Bütün bu söylediklerimiz Alevilik için de geçerlidir. Alevilik bugün yapıldığı biçimiyle geçmişinden ve içerdiği değerlerden soyutlanarak yalnızca yaşanması gereken bir inanç olarak ele alınmaya çalışılmaktadır. Onu ortaya çıkaran sosyal ve siyasal olgular gözden uzak tutulduğunda, en kötüsü bunlar unutulduğunda Aleviliğin içi boşaltılmış bir doğmalar yığını olacağını söylemek için kâhin olmak gerekmez.

Ne Aleviliğin karşıtı olan inanç dizgeleri ne de Aleviliğin kendisi kişisel tercihlerin bir ürünüdür, olamaz da. Üretim tüketim temel olgusunun şekillendirdiği üretim ilişkileri, toplumdaki sınıfların tavırlarını ve siyasal tercihlerini belirler. Başka bir söyleyişle bu yaşam biçimine uygun düşüncelerin ve görüşlerin oluşması anlamına gelir. Orta Çağın genel özelliği olarak siyasal görüşler örgütlenmeler ve bunun bir sonucu olan mücadeleler dinsel bir görüntü sergiler.

Anadolu köylüsü her dönem devlet ve devletin temsil ettiği kesimlerden farklı inançlar içinde olmuştur. Osmanlı döneminde bu böyleydi. Türkiye Cumhuriyeti'nin kuruluşu ile mevcut durum pek farklılık göstermeden süregeldi. Bugün de buna benzer bir durum yaşanmaktadır. Devletin Sünnileri bile tatmin edememesinin nedenini, bir anlamıyla da giderilemeyen bu inanç farklılığında aramak gerekir.

Devletin genellikle Sünni inançlara yakın olduğu, kurumlarının (Diyanet İşleri Başkanlığı vb.) Sünni inançları savunduğu bilinir, buna rağmen büyük çoğunluğun devlet ve onun savunduğu inançlarla özdeşleşmediği gözlenmektedir. Bu durumu salt inançlar bağlamında açıklamanın olanaksızlığı hemen anlaşılmaktadır. Ancak devlet, devletin temsil ettiği kesimler ve büyük çoğunluk arasında temel olan farklılık, sınıfsal yapılarında yatmaktadır. Bu çelişki açıkça ifade edilmese de son tahlilde belirleyici olanıdır.

Alevilerin bugün geçmişten kopma çabalarını, geçmişlerini mitolojik bir söyleme hapsetmeye çalışmalarını, Alevi önderlerini birer mitolojik kahramana dönüştürme çabalarını anlamak o kadar da zor değildir. Aleviliğin bugün başını çekenler, Aleviliği var eden sınıf mücadelesinin karşı cephesinde bulunmaktadırlar. Anadolu'nun ezilen sömürülen emekçi köylülerinin ideolojisi olan Alevilik, bu yönüyle onlar için kabul edilemez bir olgudur. Ancak; Alevilik diğer yanıyla bir dinsel inançtır ve bu yönüyle de birçok doğmayı ister istemez içinde barındırmaktadır. Onların sarıldıkları Alevilik, Aleviliğin bu dogmatik ve gerici yanıdır.

Günümüzde Aleviliği savunduğunu ileri süren değişik kesimlerin Alevilikten ne anladıkları ve onu nasıl yorumladıkları, sınıfsal konumları ve siyasal, ideolojik tercihleri açısından farklılıklar göstermektedir. Alevilik artık bir sınıfın ideolojisi olma özelliğini yitirmiştir. Değişik sınıf ve katmanların aynı anda sahip çıktığı ama genellikle farklı anlamlar ve değerlendirmelere vardığı bir inançtır.

Tarihte hiçbir düşünce, hiçbir eylem toplumsal yaşamdan bağımsız olarak oluşmamıştır. Her düşüncenin, her inancın sosyal ve siyasal bir çıkış noktası olmuştur. Bu gerçek Alevilik için de geçerlidir. Aleviliği var eden unsurlarından kopartmak onun gelişmesine hizmet etmez. Aleviliğin her yerde tartışılması; yerden mantar biter gibi Alevi dernek, vakıf ve federasyonların kurulması, onlarca dergi, gazete ve kitabın yayınlanması Aleviliğin güçlendiği anlamına gelmeyecektir. Bugünkü görüntü kof, içi boş bir güçlülüğü ifade etmektedir.

Gerçek anlamda güçlü ve kabul edilebilir bir Alevilik, geçmiş değerlerinden kendini soyutlamayan, kendisini var eden sosyal ve siyasal gerçekliği kabul eden ve onu bugüne taşıyandır. Aleviliği var eden değişik unsurları inkâr etmeyen, hepsine gerektiği değeri ve önemi veren anlayış, gerçek anlamda güçlü bir Aleviliktir. Yoksa birilerinin siyasal tercihlerine uygun olma ve devlete şirin gözükme adına savunulan değildir. Aleviliği var eden unsurlardan tek birinin ihmali ve yadsınması onu güçsüz kılar. Bu şekliyle Aleviliğin zaten halk arasında kabul görmesi de olanaksızdır. Aleviliği Orta Asya'da aramak, var olan küçük benzerliklerden hareketle onu Türkçülüğün ideolojisi yapma çabaları ne kadar boş ve anlamsızsa, Arap Yarımadası'nın çöllerinde aramak da o kadar boş ve anlamsızdır. Bunu yapanlar bilerek veya bilmeyerek bu topraklara ve onun yarattığı değerlere ihanet etmektedirler. Anadolu'nun binlerce yıllık geçmişinde var ettiği uygarlıklar, oluşturduğu kültürler yok sayılarak Orta Asya steplerinden ve Arap Yarımadası'ndan uygarlık ve kültür ihraç etmek bu topraklara sırtını dönmektir.

Bütün bunlara alet edilmek istenen Alevilik ise yıllardır bu düşüncelere sahip gericiliğin ve ırkçılığın kalesi olan kesimlerin elinde, onların gerici ve ırkçı emelleri için bir araç olacak, asla kabul edilebilir ve güçlü bir Alevilik olmayacaktır.

43

ALEVİLİK ve İSLAM İLE İLİŞKİSİ

Aleviliğin genel ve herkes tarafından kabul gören bir tanımına ulaşılmadığını söylemekle başlayalım.

Aleviler üzerine yapılan her çalışmada bu çalışmaları yapanların dünya görüşleri, siyasal ve ideolojik tercihlerine göre farklı Alevilik tanımlamaları yapıldığını görüyoruz. Biz bir tanım yapmaktan kaçınarak konunun daha anlaşılır olmasına yardımcı olmak için öncelikle sözlük tanımına bakarak başlamak istiyoruz. "Alevilik: Muhammed Peygamberin damadı Ali'ye bağlı olan ve onun yolunu tutan topluluğun mezhebi."[10] Bu sözlük anlamı, en yaygın bilinen ve kabul gören Alevilik tanımıdır.

Aleviliğin genellikle Ali yanlısı olarak bilinmesi, Muhammed'in ölümünden sonra kimin halife olacağı konusunda çıkan husumetle ilgilidir. Aleviliğin bu tartışmanın bir ürünü olduğu en yaygın taraftar bulan düşüncedir.

Alevilerin genellikle Ali yanlısı olarak tanımlanması doğrudur. Ancak Aleviliği yalnızca "Ali yanlısı olmak" olarak ifade etmek eksik ve Aleviliğin kavranması açısından sakıncalı bir saptamadır. Bu noktada sıklıkla yapılan ve uzun anlatımlarla okuru sıkan halifelik kavgasına girmek niyetinde değiliz. Bu kavganın Alevilik ile de doğrudan bir ilgisi olduğunu sanmıyoruz. Ancak şu kadarını söyleyelim ki; bizce kimin ilk halife olması gerektiğinin artık bir anlamı kalmamıştır. Tarihe mal

---

[10] En Büyük Türkçe Sözlük, Hazırlayanlar F. Devellioğlu, N. Kılıçkını

olmuş bu olay, yapılmış tüm çalışmalarda birbirine benzer anlatımlarla uzunca anlatılmıştır. Alevilik gibi yaşamın birçok alanını ilgilendiren bir inanışın götürülüp bir olaya bağlanmasının ona haksızlık olacağını düşünüyoruz.

Alevi inanışında Ali'ye verilen önemin öne çıkarılması, Ali ve Ali'nin ailesine yapılan "haksızlıklar" üzerinde önemle durulması, Sünnilere karşı korunma aracı olarak kullanılmış gibidir. Bir iktidar kavgasında son tahlilde belirleyici olanın güç olduğunu biliyoruz. Alevilerin bu konuda Şii İslam yorumuna yakın, yer yer onu tekrarlayan duygusal argümanlarla katkıda bulunarak Ali'nin Muhammed'in yeğeni ve damadı olmasından dolayı halifeliği hak ettiğini ileri sürmeleri, gerçeği değiştirmediği gibi günümüzde hiçbir anlamı da kalmamıştır.

Asıl kaynağı Şii İslam olan Alevilerin yaygın anlatımlarına göre; Ali'ye haksızlık yapılmıştır. Bu haksızlıkla Muhammed'in vasiyeti yerine getirilmemiştir. Peygamberin buyruğuna uyulmaması, onun Veda Haccı denen son hac dönüşünde Gadiri Hum adı verilen yerde, kendisinden sonra "Ali'nin İmam (halife) olmasını"[11] istemiş olmasına rağmen sırasıyla önce Ebu Bekir sonra Ömer ve Osman'ın halife olmaları, İslam Peygamberinin dediği ve gösterdiği yoldan ayrılmak olarak yorumlanır. Ali'nin halife olması ile Muaviye'nin ona karşı çıkması ve halifeliğini kabul etmemesi, üstüne üstlük ordularıyla ona karşı savaşması; Muaviye ve oğlu Yezid'in Hasan ve Hüseyin'e yaptıkları, ayrılığın nedenleri olarak ileri sürülmektedir. Ancak, bir mezhebin ortaya çıkışını

---

[11] İ. Zeki Eyuboğlu, Bütün Yönleriyle Bektaşilik sf. 106

yalnızca bu iktidar mücadelesindeki taraf olmaya bağlamak yüzeysel bir yaklaşım olur. Bir başka söylemle herhangi bir olayda taraf olmak toplumsal yaşamın her alanına el atan bir inancın ortaya çıkmasını ve toplumsal yaşamın örgütlenmesini sağlayacak yeterli veriyi sağlamaz.

Bu mücadelenin bir başka boyutu da "ilkel yaşam biçimlerini sürdürmek ya da yeniden düzenlemek gibi, hemen bütün dinlerde görülen -o gerçekleşmeyecekdüşün arkasından koşan "yaşlı Müslümanlarla, yenilikleri cesaretle benimseyip, ortaya çıkan yeni durumlardan çıkarlarını gözetenler vardır. Bir başka deyişle, daha ilk saatlerde dine sarılmış ateşli dindarlarla, -aslında Kureyşli ileri gelenlerin başını çektikleri- yeni toplumda eski etkilerini yeniden ele geçirmenin sabırsızlığı içinde olanların mücadelesidir bu."[12] Bunun en güzel örneği Sıffıyn Savaşıdır. Bu savaşta "Hz. Ali'nin ordusu tam zaferi kazanacağı sırada, Muaviye'nin ordusunun bir hilesiyle karşılaştı. Muaviye'nin kumandanı Amr Übnül As askerlerinin mızraklarını ucuna Kuran-ı Kerim'in sayfalarını takarak barış istedi. Hz. Ali ve ordusu Kuran-ı Kerim'e kılıç çekmeyince Muaviye yenilgiden kurtuldu."[13]

Bu savaşta tarafların tavrı Server Tanilli hocayı doğrular niteliktedir. Ama bütün bu tarihsel gerçekler ve bunların anlatımı Alevi aydınlar ve çevreler için hiçbir anlam taşımaz. Taşımasını beklemek de sanırız olanaksızdır. Çünkü inanan insanlar açısından tarihin bir önemi de yoktur.

---

[12] Server Tanilli, Yüzyılları Gerçeği ve Mirası II Orta Çağ sf. 125–126
[13] Cemal Şener, Alevilik Olayı, Sf 34

Aleviler, Ali ve ailesine yapılan haksızlıkları ortaya koyarak bir taraf olmalarından başka, İslam'ın uygulanış şeklini benimsemediklerini ve ona muhalif olduklarını da ilan ederler. Yukarıda da belirttiğimiz gibi muhalif olmak bir inancın oluşması ve şekillenip toplumsal yaşamın her alanına hâkim olması için yeterli olamaz.

Alevilik dinsel bir inanç olarak giderek daha çok İslam'ın içinde gözüküp, gösterilmeye çalışılmakta. Ancak bu durumun aksine İslam'dan oldukça uzak bir felsefeden etkilenmektedir. Özgün bir inanç olan Alevilik, kendisinden önce var edilmiş kültürel birikimi yadsımaz. Bu anlamda kendisinden önce yaşayan uygarlıkları ve kültürleri olabildiğince içermektedir. Kendisinden önceki dönemleri yadsıyan bir inanç dizgesi, kültür ve uygarlık zaten yoktur. Bu gerçek, dinsel inan dizgeleri için çok daha fazla geçerlidir. Aleviliği incelediğimizde zaman zaman İslamiyet'le açıklayamayacağımız unsurlarla karşılaşacağız. Bundan dolayı dinsel kaygılara düşmeden bir değerlendirme içinde olmak gerekir. Aleviliği açıklama adına ona İslamiyet'in dar elbisesini giydirmeye kalkmak ona yapılabilecek haksızlığın en büyüğü olacaktır.

Hem Aleviliğin içerdiği İslamiyet dışı unsurların gözlenebilir boyutta oluşundan dolayı değil midir, Alevilerin Müslüman olmadığını söylemenin kaynağı ve o çirkin ahlaki suçlamalara hedef oluşlarının nedeni?

Bu yüzden tarihte sürekli maddi manevi her türlü saldırıya hedef olmalarından başka kendilerini ifade edebilme olanağı da bulamamışlardır. Kendi haklarında konuşma cesareti dahi gösterememiş bir topluluk olan Aleviler, imkânların elverdiği oranda inançlarına göre yaşamaya çalışmışlardır. Bütün bu baskıların bir sonucu olarak inançlarından uzaklaşmış, zaman içinde inançlarının özgün uygulamalarını unutma durumuna gelmişlerdir.

Bugün kendilerini bulma, inançlarının özü ile buluşma çabası içinde olan bu insanlar, bu kez de ortalığı saran yayınlar içinde kendilerini kaybetmiş görünüyorlar. Onlar hakkında neler yazılmıyor ki? Müslüman olmadıklarından söz edenlerden tutun da gerçek Müslümanların onlar olduğu görüşünü savunanlara kadar her türlü görüş kolaylıkla savunulabiliyor. Birbirini tutmayan daha çok bir kafa karışıklığını ifade eden bu türlü açıklamalar içinden çıkarak Aleviler hakkında gerçek bilgiye ulaşmak, özü bulmak biraz da sağlam bir tarih bilinci, sosyoloji ve felsefe bilmenin yanı sıra, Alevileri yakından tanımayı gerektiriyor.

Alevilik üzerine yapılan birçok çalışma ilk bakışta sıradan, dışarıdan kaba bir gözlem ve cüretle kaleme alınmış olduğu izlenimi veriyor. Bu çalışmalarda Aleviler ile Sünniler arasındaki temel farklılıklar görmezden geliniyor. Aleviliği İslam'ın içinde gösterme çabalarına dönüşen bu çalışmalar Aleviler ile Sünniler arasındaki farklılığı en aza indirerek bir yakınlaşma ve sonunda Alevilerin asimilasyonu hesapları içindedir.

Bütün bunlar Aleviliği anlama ve tanımlamada var olan sorunlara yenilerini eklerken derinleşen kafa karışıklığını içinden çıkılmaz hale getirmekte. Bu yazar ve araştırmacılar her şey bir yana Alevilerin bütün tarih boyunca Sünni iktidarlar tarafından ezilmiş olması ve hatta tümden ortadan kaldırılmak istenmesi gerçeğinin üzerinden atlamayı yeğliyorlar. Bu çabayı sürdürenler Aleviliği İslam'ın içinde gösterebildikleri oranda -ki bu

Sünniliğe yakınlaştırılarak mümkündür- Aleviliğin herkes tarafından kabul gören, dışlanmayan bir inanç olmasını sağlayabileceklerine inanmaktadırlar. Alevilik toplumda kabul görecekse; bu, içeriğinden hiçbir taviz verilmeden olmalıdır. Zor olanı önerdiğimizi biliyoruz. Bu zorluk yan yana, iç içe yaşayan bu iki inancın zaman içinde birbirlerini etkilemesinin doğal sürecine girmiş olmasından ve daha çok da Alevilerin kendileri ve İslam üzerine bilgilerinin çok sınırlı ve yetersiz oluşlarından kaynaklanıyor. Ancak içi boşaltılmış, zorlanarak Sünniliğe benzetilmiş bir Aleviliğin de Alevilik olamayacağı açıktır.

İslamiyet içinde kalarak ve Sünni İslamiyet'i temel alarak Aleviliği açıklamaya çalışmak olanaksız olduğu gibi, Aleviliğin kavranmasının ve sağlıklı bir tanımlamaya ulaşılmasının başlıca engeli olur. Alevilik ile Sünnilik arasında kesin bir çizgi farklılığı olduğunu yenileyerek devam edelim. Bu farklılık ayrıntılardaki bir farklılık değil, temele ilişkin bir farklılıktır. Alevileri Sünni inançların etkin olduğu bir toplum içinde savunmanın zorluğu gerekçeleriyle, Aleviliğin özünü görmezden gelmek ve Aleviliği devletin ve diyanetin kabul edebileceği bir hale sokmaya kalkmaya kimsenin hakkı yoktur. Olamaz da.

Alevilikle Sünniliğin hiçbir yakınlığı yok mu?

Alevilerin kendini İslam'ın içinde görmesinden bağımsız olarak aynı ortak coğrafyada yaşamanın doğal sonucu olarak iki inanç arasında; benzerlikler, yakınlıklar bulmak mümkündür... Bunun dışında; bu iki inanç yaşam ve ibadet biçimleri olarak birbirlerinden kesinlikle ayrılır. Bunlar yaşam karşısındaki tutumlarıyla ve

İslamiyet'e yaklaşımlarıyla birbirinden çok farklı yerlerde bulunurlar.

Alevilerin günlük yaşamda son derece rahat ve kendilerini İslam'ın içinde görenler açısından dahi (Kendilerini İslam içinde görmeyen Aleviler de var) İslami önyargılardan çok uzak oldukları bilinir. Müslüman olmadıkları varsayımına neden olan unsurlardan biri de bu tutumlarıdır. Alevilerle Sünniler arasındaki en temel farklılık İslam'ın ibadet pratikleri, İslami emir ve yasaklar karşısındaki tutumlarında gözükür.

Ancak bütün bu anlatılanların kendi içinde bir çelişkiyi barındırdığı dikkatli okurun gözünden kaçmamıştır. Bu çelişki bizim bir çelişkimiz değil elbette. Bu, Alevilerin inançlarının kökeni ile bugün Aleviliği görmek istedikleri yer arasındaki çelişkiden kaynaklanıyor. İnancın özü ile İslam arasındaki bu çelişki doğal olarak konuyu karmaşıklaştırıp kendi içinde çelişik söylemlerin oluşmasına neden oluyor. Alevilerin kendilerini giderek İslam içinde görmeleri göstermeleri Ali üzerinden İslam ile kurulan bağda yatmaktadır. Ama ne var ki Alevilerin kendilerini İslam içinde görmeleri ve bunu söylemeleri yeterli olmuyor. Çünkü kendisini İslam içinde gören Alevinin yaptığı İslam tanımı ne kitabi İslam ile uyum içindedir ne de herhangi bir Sünni'nin kabul edebileceği İslam'dır.

Alevi tarihinin yanlış anlaşılması ve bolca çarpıtılması ile varılan bu duraksama Aleviliği İslam'ın içinde göstermenin de temelini oluşturuyor.

ALEVİLERİN TARİHİ

Aleviliği anlamak ve tanımlamak; Alevi tarihinin doğru kavranması ve bugüne kadar yapılan yanlışlardan arındırılmasıyla mümkündür. Genel olarak tarih; özel olarak da Alevi tarihi konusundaki farklı yaklaşımlarla tarih bilinci yok edilirken, Alevileri ve Alevi gerçeğini anlamak son derece zorlaşmıştır.

Tarih genel olarak zor bir alan olarak bilinir. Bu kanı yersiz değildir. Tarihten söz edildiği her seferinde akla ilk gelen; can sıkıcı ezber, bir sürü söylemi zor ismin bilinmesi ve tarihlerin akılda tutulmasıdır.

Bu kadarla kalmıyor zorluklar. Sabırla bu zorluğu aşsanız bile, bu sefer de karşınıza var olan kaynaklara ulaşma sorunu çıkar. Alevilerin tarihi açısından konuya baktığımızda ise daha büyük bir sorunla karşı karşıya kalırız. Çünkü Alevilerin büyük tarihi sözlü bir tarihtir ve bu da masallar, öyküler ve söylencelerle iç içe bir tarih anlatımı olarak karşımıza çıkar.

Dinlerin, inançların kendi tarihini yazma tekniği ile modern tarihin yazımı ve aktarımı, aşılması en zor engellerden biridir. Bu iki farklı tarih anlatımı ve/veya yazımının nerede birbirine yardımcı olacağı ve nereye kadar biri için diğerinden yararlanılacağını iyi bilmek gerekiyor. Bu iki tarih anlayışı birbirini bütünlemez. Birinden hareketle diğerini doğrulama şansınız yoktur. Çoğunlukla birbiri ile çelişen birbirini reddeden, yalanlayan anlatımlarla karşılaşmak olasıdır. Her iki tarih anlayışının ele aldığı, anlattığı hiçbir olaydan aynı sonucu çıkartmak mümkün değildir. Olayın kendisi aynı kalmakla birlikte yorumlar ve varılan sonuç aynı değildir. Dinlerin, inançların tarihi daha çok söylenceler ile iç içe geçmiş bir tarih anlayışıdır. Bu tarih anlayışı, sınanmış bilgiyi değil "inanmayı" öne çıkaran anlayışa sahiptir. Modern tarih ise kanıt, belge üzerine inşa edilmiş, bilmeyi ve anlamayı öne alan bir anlayışı yeğler.

Kısaca özetleyecek olursak: Dinlerin, inançların tarihi metafizik bir tarih anlayışı iken, modern tarih, kanıtlara belgelere dayanan bilimsel bir tarih olmak zorundadır. Ancak burada bir parantez açıp modern tarihin din konusunda gerektiği kadar objektif olamadığını da belirtmek durumundayız. Din söz konusu olduğunda birçok alanda bilimden vazgeçildiği gibi tarih konusunda da bilimden vazgeçmek sıkça rastlanan bir durumdur. Bazen halkın dini duygularını rencide etmemek adına, bazen resmi görüşlere yakın durma adına bilimden uzaklaşma yaşanır. Bu yüzden İslamiyet üzerine yazılmış, modernlik, bilimsellik iddiasında olan birçok tarih kitabı, ne yazık ki bu savlarının yanından dahi geçmeyecek durumdadırlar. Aynı şey, Alevi tarih yazımı için de geçerlidir.

Tarih inançlarımızın doğruluğunu, güzelliğini ispatlamak için kullanabileceğimiz bir araç değil, geçmişin bilinmesi, geçmişte yaşanmış gerçeğin öğrenilmesini sağlayan bir bilim dalıdır. Geçmişin bilinmesi bugünü anlamada birçok açıdan faydalı olurken, bize geleceği buna göre şekillendirme olanağı vererek tarihi anlamlı ve gerekli kılar.

Yukarıda sıraladığımız bütün bu zorlukların ışığında Alevi tarihine dönüp baktığımızda, Aleviliğin büyük tarihinin yazılı kaynağının son derece sınırlı olduğunu görüyoruz. Elde bulunan tüm kaynaklar tartışmalı kaynaklardır. Alevilerin inançları nasıl sözlü bir sürekle bize kadar ulaşmışsa, tarihi de aynı şekilde sözel bir sürek izler ve bize kadar gelir. Hatta Alevi inancı ile tarihi iç içedir ve tarih genellikle inançların anlatımının bir biçimi olarak kullanılmıştır. Doğal olarak bu tarih yazım biçimi, birçok insanın kafasının karışmasının da asıl nedenidir.

Haklı olarak bu kafa karışıklığına işaret eden bazı araştırmacıların (Alisiz Alevilik, Faik Bulut; Alevilerde Kafa Karışıklığı, İsmail Beşikçi) çalışmalarına tepki olarak Alevi yazarlar da karşı atağa geçip kendi görüşlerini açıkladılar. Tartışma, Aleviliğin İslam içinde olup olmamasında düğümlendi. Bazı Alevi yazarlar, Alevi tarihinde ve modern Arap tarihinde sözü edilen Ali'nin aynı kişi olduğunu varsayarak Aleviliğin bu bağla İslam içinde görülmesinin kolaycılığına kaçtılar. Bu İslam'ın hangi İslam olduğunu, bunun Sünni, Şii İslam ile hangi noktalarda kesiştiğini ve/veya ayrıldığını göstermek zahmetine girmediler.

Bu kalemler, "Alevilik İslam dairesi içindedir" derken "Hangi İslam?" sorusunu atlayarak daha çok popülizm (ucuz halkçılık) yapmakla yetindiler. Alevilerin kendilerini İslam içinde gören söylemini kendilerine dayanak yaptılar. İlk bakışta son derece haklı gibi gözüken Aleviliğin İslam içinde olduğu tezi, Alevi tarihinin var ettiği mitleştirilmiş Ali'yi, Arap İslam tarihinin yazdığı Ali'ye tercih etmektir. Bu da Aleviliği son derece daraltan ve Aleviliğin temel inanışları ile çelişmekten öte, Aleviliğin sonunu hazırlayan bir yaklaşımdır.

Aslında bu yaklaşımların hepsi, Alevilik üzerine kabaca önceden belirlenmiş öngörülere uydurulmaya çalışılmasıdır. Hangi amaçlarla yapıldığı bir yana, sonuçta yapılan, Aleviliği tanımlamaktan ve anlamaktan uzaktır. Aleviliğin sözlü tarihinin hiçbir yeri İslam Arap tarihi ile örtüşmez. Alevi tarih yazımını Arap İslam tarihi ile değiştirdiğinizde, elde edilen sonuç Aleviliğin bitişi olur.

Alevi tarih yazımı, bildiğimiz tarih ile hiçbir şekilde benzerlik göstermez. O belgelere dayanan kanıtlar gösteren bir tarih anlayışı değildir. Bu tarih yazımında zaman ve mekân pek dikkate alınmaz. Bu salt Aleviliğin tarih yazımı için geçerli olan bir olgu değildir. Genelde bütün inançların ve dinlerin tarih yazımı böyledir.

Örneğin modern tarihin tespit edemediği İsa, Hristiyan tarihi açısından tartışılmaz yaşamış biridir. Modern tarihin bir ipucu bile bulamadığı İsa hakkında oluşturulan tarih, kültür ve inançlar anımsandığında bu şaşırtıcı gelebilir. Ancak bu durum salt tarih açısından böyle değildir. Diğer bilim dalları açısından baktığımızda da pek farklı bir manzara ile karşılaşmayız. Örneğin Meryem'in bakire olarak hamile kalması, Kadıncık Ana'nın (Hacı Bektaşi Veli'nin eşi) burun kanı ile hamile kalması gibi inanışların, bilim açısından kabul edilebilecek yanı yoktur...

Kızıl Deniz'in bir asa vurulmasıyla ikiye ayrılması, Ay'ın ikiye ayrılması, ölülerin diriltilmesi veya körlerin görmesini sağlama gibi mucizelerin hangisi bilim açısından kabul edilebilir? Bütün bunların bilim açısından değeri olup olmadığını tartışmak bile anlamsız olur. İnancın her konuda olduğu gibi tarihe yaklaşımı ve tarih anlayışı da metafiziktir. Burada mantık, bilimsellik aramak anlamsız olur. Bu basit gerçek, dinler tarihi, dinlerin kendi tarihini yazması açısından bir sakınca içermediği gibi, bir eksiklik de değildir.

Aleviliğin tarihine dönecek olursak işin bir başka zorluğu ile karşılaşıyoruz. Alevi inancı içinde oldukça önemli bir yer tutan olaylar/kişiler Arap İslam tarihinde yer aldığından, farklı anlatılırlar. Kısmi benzerlikler olmakla birlikte sanki adlar ve mekân benzerliği dışında farklı olaylardan ve kişilerden söz edilmektedir. Bu tam da Arap İslam tarih yazımı ile Alevilerin tarih yazımının birbirine teğet geçmesi durumudur.

Alevi inancı içinde ayrıcalıklı bir yeri olan Ali ve ailesi, Arap İslam tarihi içinde karşılaştığımız Ali ile örtüşmemekte. Alevilerin Ali üzerine anlattıkları ile yaşayan ve halifelik yapan Ali *sanki* bir ve aynı kişi değildir. Alevi tarihinin bize anlattığı Ali, daha çok "Ali'nin Cenkleri" kitapçıklarında okuduğumuz ejderhalarla savaşan, kötüleri yok eden Ali'dir. Bu da Arap İslam tarihinde yaşayan bildiğimiz halife Ali ile hiçbir şekilde örtüşmez.

Alevi tarihinin anlattığı Allah'ın Aslanı olan Ali, Hera tarafından *Eurystheus* hizmetine verilen *on iki* görevi yerine getirmek zorunda bırakılan, Zeus'un oğlu, doğaya kafa tutan insan gücünün simgesi, insanlaştırılan tanrılara karşı, tanrılaştırılan bir ölümlü olan *Herkül'e* (*Herakles*) benzer.

Arap İslam tarihi ile Alevi tarihinin anlattığı Ali arasındaki bazı benzerlikler, tarih bilgisi okul ders kitapları olan her Alevi için çözülmesi zor bir paradoks gibidir. Örneğin Alevilerin anlatımlarında Ali'yi Anadolu'da görürüz. Anadolu'da onlarca yerde Ali'nin atı Düldül'ün ayak izi olduğu, kılıcıyla kayaları yarıp geçitler oluşturulduğuna inanılır. Ancak az da olsa tarih bilgisi olan biri çok iyi bilir ki halife Ali bütün yaşamı boyunca Anadolu'ya hiç gelmemiştir. Ancak buna karşın "Ali'nin Cenkleri" kitaplarından bildiğimiz Ali ise defalarca Anadolu'ya gelmiş Kafdağı'na gitmiştir...

Bu farklı anlatımların ve tarih anlayışının temelinde yatan, Arap İslam tarihi ile Alevi tarihinin birbirine *teğet* geçmesinden başka bir şey değildir. Her ikisi de aynı kişiden ve yaşadıklarından söz ederken, anlatılanlar ve bu anlatılanlardan çıkan sonuçlar aynı değildir.

İslam Arap tarihine bakıldığında Ali; Muhammed'in yeğeni, sonra damadı ve dördüncü halifedir. Yine aynı tarihe göre, aynı inanç geleneğinin sürdürücüsü ve devamıdır. İktidar mücadelesi bağlamında her zaman aynı fikirde olmamakla birlikte, kendisinden önceki halifelerle aynı inanç ve inancın pratikleri konusunda çelişkili uygulamalarına rastlanmaz.

Alevilerin tarih yazımı da mı böyle görüyor?

Bu sorunun cevabı hem "Evet" hem de "Hayır" olarak verilebilir. Aleviler bu anlatımın bazı noktalarına katılırlar. Örneğin; Muhammed'in yeğeni, damadı olması ve dördüncü halife olması noktasında bir farklılıkları yoktur. Ancak dikkatle bakılırsa bu noktaların hiçbiri inancın içeriği ile ilgili noktalar değildir. İnancın içeriğini anlatan ve inancı tanımlamada doğrudan etkisi olacak konular söz konusu olduğunda farklılıklar da baş göstermektedir. Alevilerin tarihinin anlattığı Ali; Muhammed ve diğer üç halifenin inanç ve ibadet pratiklerini sürdüren olarak gözükmez. Aksine o aşağıda göstereceğimiz gibi Kırklar Cemi'nin Pir'i, Şahmerdan'ıdır.

Bu noktada Sünni İslam'dan kopan Aleviler, Şii İslam ile yakınlaşır gibi gözükürler. Ancak bu yakınlaşma tarih anlatımının belli duraksamalarındaki bir yakınlaşmadan öteye geçmez. İbadet pratikleri söz konusu olduğunda onlardan da koparlar. Bu anlamda bütün İslam dünyası içinde inanç pratikleri bağlamında Alevilerle bir benzerlik içinde olan bir İslami toplulukta yoktur.

Ancak yeniden tarih konusuna dönersek bu farklı anlatımlarla teğet geçme, birinin yanlış diğerinin doğru olduğu gibi bir düşünceyi kafamızda şekillendirebilir. Bunun nedeni de dinlerin, inançların tarihi ile modern tarih anlayışının birbirinden farklı olabileceği gerçeğini görmemekten kaynaklanmaktadır. Burada birini doğru diğerini yanlış veya değiştirilmiş bozulmuş göstermek pek anlamlı olmaz. Bu hatayı yaptığımızda ikisinden birini seçmek durumunda kalırız ki bu da birinden yana diğerini reddetmek noktasına kadar ulaştığında en büyük hatalardan birini yapmış oluruz. Bazı Sünni aydınların ulu orta "Alevilik Ali severlikse biz daha çok Aleviyiz" demelerinin altında yatan mantık da buradan kaynaklanmaktadır. Bu mantık Arap İslam tarihini temel alarak ve Aleviliği Ali severliğe indirgeyerek, halife Ali'nin inanış ve inanış pratikleri konusunda aynı gelenekte oldukları için, kendilerinin daha çok Alevi olduğunu söyleyebilmelerini sağlıyor.

Burada hemen bir parantez açıp bir açıklama yapılması kaçınılmaz oluyor. Bilindiği gibi İbrahim, Musa ve Kuran'ın da kabul ettiği diğer birçok peygamberler Yahudi Peygamberleridir. Bu peygamberlere sahip çıkmak, onları sevmek nasıl hiçbir Müslüman'ı Yahudi yapmaya yetmiyorsa, Alevilerin dördüncü halife Ali'yi ve ailesinin diğer fertlerini sevmesi de onları İslam içinde görmemize yeterli kanıt olarak gösterilemez.

Daha da uç bir örnek; Hristiyanlık, Museviliğin bir mezhebi olarak tarih sahnesine çıktığı halde, zamanla inanç pratikleri ve tanrı kavrayışı ile ayrı özgün bir din olmuştur. Hristiyanların Tevrat ve Yahudi peygamber konusundaki yaklaşımı da bilinmektedir. Hiçbir Hristiyan Tevrat'ı reddetmez, aksine onu İncil'in önceli sayar ve Eski ve Yeni Ahit olarak bir arada, birbirinin devamı olarak kabul eder. Bu durumda Alevilerin Ali severliği, Kuran'a ve Muhammed'e saygılı duruşları onları, İslam içinde görüp kabul etmemiz için yeterli olmaz.

Bu örneklerden sonra hâlâ birileri çıkıp Aleviliğin İslam içinde olduğunu söyleyebiliyorsa bu, Alevi tarih anlayışı ve yazımından bihaber olmak ve Alevi tarihini küçümsemek ve yok saymak olur. Bu yaklaşım biçimi gerçeğin aranmasını, ortaya çıkarılmasını amaçlayan bilimsel rasyonel bir yaklaşım değil, siyasi, ideolojik bir yaklaşımdır.

Alevi tarih yazımı yaşanan olayların gerçeğini bize vermez. Başka bir söylemle; Alevi tarihinden hareketle İslam tarihini bilme ve 1400 sene içinde nelerin yaşandığını gerçek anlamda anlama şansımız yoktur. Aynı Alevi tarihi, daha yakın bir tarih olan bazı olayları ve kişileri bilme şansını da bize vermez. Hacı Bektaşi Veli, Pir Sultan Abdal kimdir bilmemiz olanaksızdır bu tarihten. Bırakalım modern tarihi, Evliya Çelebi'nin tarih yazımında olan açıklık bile söz konusu değildir bu tarihte. Alevi tarihi olayları/kişileri yaşandığı gerçekliği ile bilinmesini amaçlamaz. Bu tarih yazımından hareketle, yaşanmış gerçeklere ulaşılmaz. Ama bu tarih yazımı, Alevi inanç gerçeğini içinde saklar ve ona ulaşmayı olanaklı kılar. Asıl amacı ve işlevi de budur.

Alevi tarihi anlattığı olayların gerçek olup olmadığına bakmaz. Bakmak zorunda da değildir. Bu her din için geçerlidir. Dinler, inan biçimlerini ve inanç pratiklerini doğrulayacak her tür malzemeyi kullanırlar. Zaman ve mekân gibi kavramlar bile burada pek önemli olmaz. Böyle olmasa Pir Sultan Abdal kendisinden üç yüz yıl önce yaşayan Hünkârım dediği Hacı Bektaş Veli'dan nasıl el alır, Hünkâr ona nasıl dolu sunar?

Her okuduğunu sözcüklerin yalın anlamlarıyla anlamaya yatkın biri için bu kolay anlaşılır bir şey değildir. Örneğin: Pir Sultan Abdal'ın Hünkâr'ın elinden dolu almasını aynı dönemde yaşadıkları şeklinde anlamak mümkündür. Ancak burada anlatılmak istenen bu değildir. Bu imgesel anlatım kısa ve öz söylemiyle; Pir Sultan Abdal'ın Hacı Bektaş ile aynı geleneğin ve yolun sürdüreni olduğunu ifade etmekten başka bir anlam içermez.

Bunun gibi onlarca örnek bulmak, sıralamak mümkündür. Kaldı ki bu salt tarih anlatımında karşılaştığımız bir durum da değildir. Aleviler, bunu inançlarının unsurları içinde yapar. Örneğin her Alevi Kuran'ı kutsal kabul eder ve "Başımız Kuran'a bağlı" diyerek bu kabul edişi pekiştirir. Kuran okuyan, okumasını bilen pek olmadığı halde genelde her Alevinin evinde duvara asılı bir Kuran bulmak mümkündür. Ancak her şey bununla sınırlı kalır. Kuran üzerine derinleştirilen her söyleşi, Kuran'daki emir ve yasaklara neden uyulmadığı sorusu ile birleşince mevcut Kuran'ın değiştirildiği savına sarılırlar ve sonra söylenenlerin, başta söylenenlerle taban tabana zıtlığına da tanık olabiliriz.

Bu yaklaşış biçimi salt Kuran ile sınırlı değildir. Aleviler her İslami simge veya uygulama için aynı yaklaşımı sergiler ve aynı dili kullanırlar. Bu kendine özgü bir dil ve yaklaşımdır. İlk bakışta kendi içinde bir çelişkiyi yansıttığı hemen belli olan bu yaklaşım ve/veya anlatımı Alevilerin kendilerini korumak için geliştirdiği kesindir.

Zaman içinde oluşan bu dilin oluşumunu zorunlu kılan koşullardan kopartılarak ele alınması, bizi birçok noktada Aleviler üzerine hata yapmaya götürebilir.

Nitekim öyle de olmakta.

Bu hatalardan ilki belki konumuz açısından da en önemli olanı, Alevilerin İslam ile olan bağı ve ilişkisi üzerine olandır. Çoğu zaman bu anlatım ve yaklaşış biçimi temel alınarak kolaycı yoldan Alevilerin İslam içinde olduğu söylenmektedir. Hem de bu söylemin, geliştirilen bu dil ile anlatılanların kendi kendisi ile çeliştiği bilindiği halde. Bu çelişkilerin nedenleri sorgulanmadan, kestirme yoldan Alevilerin İslam içinde olduğunu söylemek son derece düşündürücüdür...

Kullanılan bu dilin ve yaklaşımın çıkış nedenleri yadsındığında, Alevilerin tarih içinde yaşadıkları acılar, kıyımlar kolaylıkla gözden kaçırılabilir. Oysa bütün bu takiyenin çıkış nedeni, bir halkın kendisini koruma içgüdüsü ile oluşmuştur. "Namaz da bizim, oruç da bizim" diyen Alevi, hiçbir zaman oruç tutan olmadığı gibi namaz da kılmaz. Bütün bunların tesadüfî çelişkiler yumağı olduğunu düşünmek sanırız saçma olur. Ya da bu çelişkilerin asıl nedeni cahilliktir de diyemeyiz.

İnançlar konusunda hiçbir halk veya toplum cahil olamaz. Her topluluk kendi inançlarını iyi bilir. Bunun için bir diploma sahibi olması gerekmez.

Ancak şu kesindir: Aleviler İslam'ı son derece sınırlı bilmektedirler. Bütün bilgileri de ikinci elden aktarmalarla olmuştur. Bu yetersizlik İslam üzerine konuşmayı kolaylaştırdığı gibi mevcut çelişkileri görmelerini ve anlamalarını da imkânsız kılmıştır.

Bu İslam hakkındaki sınırlı bilgi bazen şaşırtıcı noktalara kadar varmakta ve "Biz İslam'ın özüyüz." söylemine kadar gidebilmektedir. Kuran'ın lafzını dahi bilmekten uzak bir İslam bilgisi ile nasıl gerçek İslam olunuyor, bunu anlamak son derece zordur.

Bu sava temel olan şey, farklı İslam yorumlarının bulunması ve Alevilerin yorumunun da gerçek yorum olduğu savıdır. Ama ne gariptir ki ortada bir Alevi İslam yorumu yoktur. Alevilerin elbette İslam üzerine söyledikleri bir şeyleri vardır. Ancak bütün söylenenler ve ortaya konulanların tümü bir sistematik yorum olmaktan çok uzaktır. Örneğin Şiilik ve Hanefiliğin ortaya koyduğu yorumlarla kıyaslandığında, Alevilerin İslam üzerine söyledikleri, bir yorum olmaktan çok uzaktır.

İslam ile aynı coğrafyada yaşamak ve bazı benzerlikler dışında herhangi bir ilişkisi olmayan bir inancın İslam üzerine bir yorumunun olmaması anlaşılır bir şeydir. Bu yüzden olmayan bir Alevi İslam yorumu aramak, yoktan bir Alevi İslam yorumu oluşturmaya çalışmak yerine yaşayan Alevilik içinde Alevi gerçeği aranmalıdır. Bu yapılabilecek en doğru ve Aleviler için en hayırlı olacak olandır.

Alevilerin İslam ile ilişkisi yukarıda belirtildiği gibi İslam peygamberi Muhammed'in ölümü sonrası başlayan iktidar kavgası olarak gösterilir. Bu mücadelede Ali'den yana olanların, Ali severlerin, Alevi olarak adlandırıldığı ve bu tavır alışın Aleviliği şekillendirdiği ileri sürülür.

Bu düşüncenin temelinde, İslam içindeki bölünmelerin hemen hepsinin dayandırıldığı noktanın Muhammed'in ölümünden sonra şekillenen iktidar mücadelesi olduğu düşüncesi vardır. İslam içindeki bütün bölünmelerin nedeni ve başlıca sebebi olan bu iktidar kavgası, İslam içinde oldukları öngörüsünden hareketle, Aleviliğin de bu iktidar mücadelesi ile ortaya çıktığı ve şekillendirdiği düşünülmektedir. Böylece Aleviliğin oluşumuna ve ortaya çıkışına kestirme bir yanıt bulunduğu sanılan noktada, açıklaması son derece zor sorularla da baş başa kalınır.

Alevilerin bu iktidar kavgasında söylediklerine ve aldıkları tavra gelmeden önce Aleviler arasında bilinmeyen bazı tarihsel gerçekleri de aktarmakta yarar var. Kimin ilk halife olacağı tartışması bir yana ilk üç halife döneminde İslam, Arap Yarım Adası'ndan bütün Ön Asya, doğuda Hindistan içlerine kadar uzanırken, batıda Kuzey Afrika'da yürüyüşünü sürdürmekteydi. Emeviler döneminde Cebeli Tarık Boğazı geçilerek İslam İspanya'ya geçecek ve bir dünya dini olmaya başlayacaktır. Bu gelişmeler ilk üç halife ile başlamıştır. Dördüncü halife Ali, kendi döneminde daha çok iç karışıklar ve savaşlarla meşgul olmuştur ama bu gelişmenin de bir sürdüreni olduğu kesindir. Bu anlamda İslam'ın yayılması ve coğrafi genişlemesine sınırlı da olsa katkıda bulunmuştur. Burada görülmesini istediğimiz; dördüncü halife Ali, her alanda kendisinden önceki halifelerle aynı çizginin üzerinde buluşur. Bu buluşma iktidar kavgasının farklı tarafı olsa da İslam'ın siyasal hedefleri ve inanç pratiklerini kapsar.

Alevilerin İslam tarihi ve İslam hakkındaki genel bilgilenmesinin çok yetersiz olduğunun göstergesi olan bir başka konu da İslam'ın değişik yorumları arasındaki mevcut yorumların çok da birbirinden uzak durmadıklarıdır. Her şeyden önce İslam ibadet pratikleri konusunda birbirlerinden pek uzak değillerdir. İslam içindeki en köklü, uçlardaki bölünme olarak bilinen Sünni İslam ile Şii İslam arasındaki tüm farklıklara rağmen ibadet pratikleri konusunda bir farklıkları olmadığı da bilinir. İlk halife Muhammed'in vasiyeti gereği İmam Ali olması gerektiğini söyleyen Şii İslam, İslam ibadet pratikleri konusunda Sünni İslam ile pek de farklılık göstermez.

Bu noktada Alevilere dönersek, Muhammed'in ölümünden sonra başlayan iktidar kavgası ve daha sonra Muaviye ve Ali arasındaki savaşlar, Ehli Beyit'in başına gelenler, Kerbela olayı, Alevi tarihi içinde çok sözü geçen olaylardır. Bütün bu ve diğer birçok olay, Alevilerin sözlü tarihi içinde kendine oldukça geniş bir yer bulur. Alevi edebiyatı ve özelikle Alevi şiirinin temel unsuru buradan kaynağını alır.

Aleviler bu olayı değerlendirerek, İslam ile ilişkilerini belirlerken bu belirlemenin Şii ve Sünni ayrımından farklılıklar gösterdiği unutulmamalıdır. Yukarıda da belirtildiği gibi Şiiler ile Sünniler arasında İslam'ın ibadet pratikleri konusunda neredeyse bir ayrılık yok gibidir. Ayrılığın sebebi, ilk halifenin kim olacağı noktasında çıkan tartışma olarak öne çıkar. Kuşkusuz bu ayrılığın asıl sebebi değildir. Yukarıda yaptığımız bir tespiti yineleyerek söyleyecek olursak; geçmişin bu iktidar mücadelesini değerlendiriş biçimi ve bir taraf olma, tek başına bir inancın ortaya çıkması için yeterli olmaz. Bu değerlendirme ve taraf oluşla, bir inanç şekillenip toplumsal yaşamı örgütleme düzeyine gelemez.

Alevilerin Şii ve Sünni yorumdan ayrılmaları, diğer ikisinin birbirinden farklığından ve ayrılığından daha farklı ve temele ilişkin bir ayrılıktır. İslam tarihinin belli olaylarına bakış, yaklaşış ve taraf olmanın ötesinde, bu tarihin yazımı konusunda oldukça farklı ve kendine özgü bir söylemi vardır. Bu söylem bazı noktalarda Şii yorumla çakışır, ancak bu sadece görünürdeki bir benzerlikten öteye gitmez. İslam dininin öngördüğü pratikler konusunda ise tamamen farklıdır ve diğer ikisi ile asla bir noktada buluşmaz.

Bundan dolayı Arap İslam tarihinden kalkarak Alevilerin tarihini anlatmak bizce pek de doğru gözükmemekte. Aynı şeyi Şiilerin tarih yazımı ve anlayışı ile de yapamayız. Alevilerin ilk halifenin Ali olması noktasında söyledikleri, Şii İslam görüşe benzer ve neredeyse aynı şeyleri tekrarlar gibidir. Ancak Alevilerin anlattığı Ali ve bu Ali'ye verdikleri anlama baktığımızda, sanki farklı iki Ali'den söz edildiğini görmekteyiz. Bu noktada Alevilerin tarih bilgisinin yetersizliği gibi savlar ileri sürmek kabul edilemez. Bu anlamsız tartışmalardan uzak durarak, konumuza dönüp devam edelim.

Alevilerin sınırlı yazılı kaynaklarından kabul edilen Buyruk da, diğer İslam yorumları gibi "kelime-i şehadet" getirmeyi temel bir İslami prensip olarak benimser gözükür. "Allah'ın birliğine, Hz. Muhammed'in peygamberliğine ve Hz. Ali'nin velayetine, rehberliğine inanmaktır."[14] diyen buyruk "Hz. Ali'nin velayetine,

---

[14] Buyruk sf. 14

rehberliğine inanmaktır" eklemesiyle Sünni İslam'dan ayrılırken, Şii İslam ile aynı söylemi paylaşmış olur.

Ancak bu söylem pratikte bu sıralamayı izlemez. Aynı Buyruk kendisi ile çelişir ve Peygamber Mirac'a giderken Ali'yi Allah'ın Aslanı yapar ve Muhammed'in yolunu ona kestirir. "Hz. Muhammed bir sabah erken Miraç'a gidiyordu. Ansızın yoluna bir aslan çıktı. Aslan üzerine kükremeye başladı. Muhammed ne yapacağını şaşırdı. Birden bir ses duydu:

'Ey Muhammed, yüzüğünü aslanın ağzına ver!'

Muhammed söyleneni yaptı. Yüzüğü aslanın ağzına verdi. Aslan nişanı alınca sakinleşti. Muhammed yoluna devam etti."[15]

Bir kaç sayfa sonra (11. Sayfada) Kırklar Cemi'nde, Muhammed aslanın ağzına verdiği yüzüğü Ali'nin parmağında görür. Sonra yine aynı Buyruk'ta, Kırklar Cemi'nin bir üyesi olmayan Muhammed, içeri girebilmek için akla karayı seçer. Ama Ali içerde Kırkların başıdır. "Muhammed bunlara pirlerini ve rehberlerini sordu. Kırklar: Pirimiz şahmerdan Ali'dir, kuşkusuz, tartışmasız."[16] diye yanıt verdiler.

Alevilerin yazılı kaynakları da sözlü tarihlerine benzer. Zaten bu sınırlı sayıda yazılı kaynağın kimler tarafından kaleme alındığı tartışmalıdır. Zaman içinde yapılan ekler çıkarmalar da olduğu söylenen bu yazılı kaynaklardan en önemlisi olan Buyruk'un, sanıldığı gibi İmam Cafer Sadık tarafından yazılmadığı kesindir. Buyruk da dâhil Alevi yazını ve sözlü tarihi göz önüne alındığında, İslam vurgusuna rağmen akla gelen soru: Bu

---
[15] Buyruk sf.7
[16] Buyruk sf. 11

nasıl bir İslam'dır ki Muhammed peygamber kabul edilir ama pratikte Ali ondan daha önemlidir?

Özellikle Buyruk incelendiğinde görülen o ki; Alevi inanç pratiklerinin anlatıldığı bölümler dışındaki yorumlar daha sonra eklenmiş gibidir. Bu dinsel pratiklere bir yorum ve açıklama niteliğinde olduğu hemen belli olan bölümler, daha çok İslam vurgusuna sahiptir. Her dinsel pratik veya uygulama için bir öykü anlatılarak onun ne kadar İslam ile ilişkisi olduğu ispatlanmaya çalışılmış gibidir. Bu öykülendirmelerin kimi yerlerde İslam ile çeliştiği de dikkati çekmekte, özelikle açıklamaların anlatım ve dil olarak eklektik olduğu, ana metinlere sonradan eklendiği ilk bakışta göze çarpmaktadır.

Arap İslam tarih yazımı veya başka bir söylemle İslam açısından Alevi tarih anlayışına bakıldığında, Ali ve Muhammed sıralaması, İslam'ın dairesi içinde kolay açıklanacak bir şey değildir. Biri yalvaç (peygamber) diğeri ise ondan sonra gelen bir halifedir. Bu durumda akla ilk gelen sorudan başlayalım: Muhammed neden Kırklar Cemi'nin bir üyesi değildir ve Muhammed'e verilen değer neden Ali'ye verilen değer ve önemden sonra gelir? Bu soru Alevilerin Muhammed'i peygamber görmeleri ile çelişmiyor mu?

Alevilerin Ali ve Muhammed konusundaki yaklaşımının, Sünni İslam ve Şii İslam dairesi içinde kabul edilmesi olanaksızdır. Ancak Aleviler açısından üzerinde pek düşünülmeyecek bir sorundur ve hatta doğaldır.

Alevilerin Kuran, İslam, ibadet pratikleri gibi Muhammed'in peygamber olarak önceliği de *"ama"* lı bir kabul ediştir. Bunları açıklamak, anlamak zordur. Sanki bir yanılsama gibi gözüken bu özellikler, inancın özü ile ilgilidir. Kimsenin bunları değiştirmek veya düzeltmek gibi bir yetkisi yoktur. Kısaca; kimse bu saatten sonra "Geçmişte yaptığımız değerlendirmeler yanlıştı, eğer Ali'yi seviyorsak ve yolumuz Ali yoluysa ona Muhammed tarafından öğretilen İslam'ı ve yaşadığı Müslümanlığı biz de uygulamalıyız." diyemez, demeye hakkı yoktur.

Hatta hiçbir bilim adamı gerekçesi ne olursa olsun dinlerin, inançların tarihini modern tarih ile düzeltme, değiştirme hakkını kendinde göremez. Böyle olsa o kadar düzeltilecek şey karşımıza çıkar ki kendimiz bile şaşarız. İşin kötüsü bu düzeltmeler, bir noktadan sonra elimizde o inançtan bir şey kalmadığı noktasına kadar varabilir.

Kimse inancın özünü koruyorum, savunuyorum gibi savlara sarılmasın. Bu inançların doğasına aykırı bir savdır ve doğrudan o inancın siyasallaşması amacına yöneliktir. İnançların farklı algılanması, yorumlanması son derece doğaldır ve bu Alevilik için de geçerlidir. Birilerinin yaptığı tanımı *"gerçek"* kabul etmek, diğerlerini *"yanlış"* ilan etmek son derece sakıncalı bir noktaya kadar gidebilir. Anımsanacağı gibi İslam'ı korumak, İslam'a sahip çıkmak adına yola çıkan bazı kökten dinci akımlar, yakın tarihimizin en acılı olaylarının yaşanmasına kadar işi vardırdılar. Sivas Madımak katliamı bu anlayışın doruk noktalarından biridir. Alevinin *"yobazı"* olmaz gibi popülist söylemlerin arkasına saklanarak bu tarihsel sorumluktan kimse kendisini kurtaramaz.

Aleviliğin İslam içinde mi yoksa dışında mı tartışmasına hapsedilmesi Aleviliği anlamamak değilse anlaşılmasından korkmaktır. Alevilik zaman içinde İslam ile ilişkilenmiş ve İslam dairesi içinde tüm diğer yorumlardan farklı ve yer yer de onlara karşı oluşmuş bir Halk İslam'ıdır.

Bu Halk İslam'ı tanımlaması bize ait değil. Bu tanımın dilimize girmesi sanıyoruz Sayın Dr. Ali Yaman'a aittir. *"Anadolu Aleviliği"* incelenirken dikkate alınması gereken ve bilimsel araştırmalarca artık kesinlik kazanmış bulunan şu nokta, konuya nasıl yaklaşılacağını göstermek bakımından oldukça önemlidir. Çünkü bu önemli nokta kavranmaksızın, Anadolu'da Alevîlik konusu anlaşılamayacağı gibi, bu yanlış temel üzerine bina edilecek açıklamalar da doğal olarak bilimsellikten uzak, yanlış bilgileri içerecektir: *Anadolu'da Alevîlik-Bektaşîlik konusu ancak, Türk kitlelerin anayurtlarında, göç etmeleri sırasında ve son olarak geldikleri Küçük Asya'da yani Anadolu'da karşılaşmış bulundukları, dinsel ve kültürel akımlar anlaşılmak suretiyle ele alınabilir. Demek ki Anadolu'da Alevîlik-Bektaşîlik'in kökenini, sadece Sünnî-Şîi bölünmesine kaynaklık eden olaylarda aramak tarihsel ve sosyolojik olarak hiçbir geçerliliğe sahip bulunmamaktadır. Konu üzerinde yerli-yabancı bilimsel araştırmaların bugün ulaştığı sonuç budur. Türk kitlelerin yüzyıllara yayılan zaman sürecinde ve farklı coğrafyalarda, farklı inançlara ve kültürlere sahip halklarla ilişkide bulunmaları sonucunda oluşan bu dinsel ve kültürel senkretizm Aleviliğin anlaşılabilmesinin yegâne anahtarıdır.* Kısaca tanımlamak gerekirse, Anadolu Aleviliği işte bu senkretizm sonucunda oluşmuş bulunan heterodoks bir İslâm anlayışıdır. Bu heterodoks İslâm anlayışı, tarihsel ve sosyal koşulların doğal bir sonucu olarak, kitabi olmaktan çok sözlü geleneğe dayalı, eski inançların ve mitolojinin İslâmi şekiller altında yaşamağa devam ettiği bir halk İslâmlığıdır."[17]

---

[17] Günümüzde Alevilik-Bektaşilik Alanındaki Aktörlere İlişkin Genel Bir Analiz Denemesi (Bu makale Nisan 2000'de Ankara'da düzenlenen 1. Uluslararası Hacı Bektaş Veli

Ancak bunun ne kadar İslam olduğu şüphelidir. Burada yapılan, halkın geçmiş inançlarını ve yerel olanı yeniden üretmesi ve ona İslami bir şekil vermesidir. Bu oluşturulan İslam ileri sürüldüğü gibi hiçbir şekilde gerçek İslam veya İslam'ın özü değildir. Gerçek İslam veya İslam'ın özü olduğu savlarıyla karşımıza çıkarılan inanışların hemen hepsinin İslam ile ilişkisi son derece sınırlı olduğu gibi, İslam'ın reddettiği birçok unsuru da İslam adı altında bize sunduğunu görmekteyiz.

Burada sözü edilen salt İslam ile ilgili bir olgu değildir. Diğer dinler ve inanışların da tarih içinde yaşadığı bir olgudur bu. Orta Çağ Avrupası'nda, özellikle Almanya'da geçmiş inanışların Hristiyanlık olarak yeniden şekillendiği bilinir. Uydurma el yazması İncil'ler ile bilinen tüm Hristiyan yorumlarından farklı yorumlar ortaya çıkmıştır. Zaman içinde Hristiyanlıkla gelişen ilişki geçmiş inanışların törpülenmesi ve daha çok Hristiyan öğenin öne çıktığı Protestanlıkta ifadesini bulan yeni bir Hristiyan yorumun ortaya çıkması ile sonuçlanır.

Aslında burada olan, geçmiş inançların ve kültürlerin yaşama direnci ve gücüdür. Geçmiş inanışların ve kültürlerin yeni inanışlar ve kültürler içinde yaşamlarını sürdürüp yeniye eklemlenmeleri söz konusu olsa da burada tam anlamıyla bir kaynaşmadan söz etmek olanaksızdır. Protestanlıkta gördüğümüz biçimiyle bir kaynaşma Alevilik için pek mümkün değildir. Çünkü bir tür halk Hristiyanlığının zaman içinde evrimleşerek daha çok kitabi Hristiyanlıkla buluşmasında öncülük yapan unsurlar Vatikan kilisesinden kopan din adamlarıdır. Alevilik ise bu gelişim çizgisinden çok farklı bir çizgide

---

Kongresine sunulan bildirinin ilk halidir.) **Ali Yaman** (İstanbul Üniversitesi)

kendi inanç önderleriyle var olmuş ve onların çabalarıyla günümüze kalmıştır. Bu inanç önderleri olan Dedelerin İslam ile buluşması oranında Aleviler İslam ile buluşmuşlardır.

Bu buluşma son zamanlarda yine bazı Alevi aydınların da katkılarıyla oldukça ileri bir noktaya getirilmiştir. Kendi kendisinin misyoneri konumunda olan bazı Alevi aydınları ve Dedeler eli ile Alevilik hızla İslam dairesi içine çekilmektedir.

Oysa yaşayan Aleviliği salt İslam dairesi içinde kalarak açıklamaya kalkmak olanaksızdır. Aleviliği var eden diğer unsurları dışarıda bırakmaya neden olabilecek bu yaklaşım, Alevilikten başka hiçbir şeye zarar vermez. Aleviliğe dünya görüşümüz ve siyasal tercihlerimiz ile yaklaşmak ve buna uygun yorumlarlar ileri sürmek nesnel olmadığı gibi haklı bir yaklaşım da olamaz.

Aleviliğin İslam dışında görülmesi konusunda duyarlı olan kesimlerin tek kaygısı Alevilik ise Aleviliğin şekillenmesinde önemli olan ve etkileri asla saklanmayacak kadar açık olan diğer unsurları konusunda da duyarlı olmaları gerekirdi. Çünkü sonuçta Aleviliğin İslam dışında görülmesi Aleviliğe ne kadar zarar verecekse, diğer unsurları yadsınmış bir Alevilik anlayışı da Aleviliğe o kadar zarar verecektir. Aleviliğin unsurları arasında olan İslam ne anlam ve değere sahip ise, Aleviliği oluşturan diğer unsurlar da aynı değere ve öneme sahiptirler. Parça için bütünü gözden çıkarmak, olsa olsa ahmakların işi olur. —ki biz de bunu kendine 'aydınım', 'bilim adamıyım' diyen hiç kimseye yakıştıramayız. –

Alevilik içinde öyle şeylerle karşılaşıyoruz ki bunları asla İslam içinde kalarak açıklamaya olanak yoktur.

"Ali'nin Tanrılaştırılması fikrinin, Mehdi telakkisinin, Hacı Bektaş'ın burnu kanı damlası ile Kadıncık Ana'nın bakire olarak hamileliğinin, On iki İmam telakkisinin ve daha birçok itikatların, İslamlığın esasıyla alakası olmadığını ve sonradan katılmış olduğunu hatırlamak lazımdır. Bu son bahsettiklerimden Ali'nin tanrılaştırılmasıyla İsa'nın tanrılaştırılması, Mehdi ile Mesih ve kurtarıcı, bakire olarak hamile olan Meryem itikadı arasındaki münasebetler kolaylıkla görülüyor. Kuran'ın metnine ve kitabi İslamiyet'e ait olmayan bu nevi tesirler sahası o kadar geniştir ki bunları bir makale mevzuu yapmaya imkân yoktur."[18]

Sayın Prof. Dr. Hilmi Ziya Ülken'in de belirttiği gibi, bu konular sadece bu kısa alıntıdakilerle sınırlı değildir. Burada hepsini saymanın ne anlamı var ne de olanağı. Kaldı ki İslam'ın kendisi dahi kendisinden önceki değişik inançlar, kültürler ve uygarlıklardan etkilenmiştir. Yukarıdaki makalede gösterildiği gibi, İslam'ın diğer dinlerden ve inanışlardan etkilendiği bilinirken Aleviliğin bu etkilenmenin dışında tutulması veya salt İslam'dan etkilendiğini ileri sürmek, bırakın bilimsel olmasını, uslama fukarası olmakla eş anlamlı olur.

Yeniden konumuza dönecek olursak; özellikle altının çizilmesi gereken nokta: İslam ile ilgisi olmayan ama Aleviliğin temel unsurları arasında olan birçok unsurun, İslam vurgusunu öne almaktan dolayı yadsındığı ve bunun da Aleviliğe zarar vereceğidir. Alevilerin birçok İslami simgeyi kullanıyor olmasına ve kendilerini İslam içinde görüyor olmalarına karşın ibadet pratikleri bakımından bütün İslam dünyasında eşi benzeri olmayan

---

[18] İslamiyet'te Eski Dinlerin İzleri, Prof. Dr. Hilmi Ziya Ülken

Ayini Cem'i açıklamak olanaklı değildir. Kaldı ki dinlerin inanç pratikleri, onları diğer dinlerden ve benzer inançlardan ayıran temel özellikler arasında sayılır. Bütün bunlar bilinirken, Aleviliği salt İslam dairesi içinde kalarak açıklamaya çalışmak, İslam'ı ve Aleviliği bilmemek değilse –ki öyle olduğuna inanıyoruz- bizim bilmediğimiz ve anlamakta zorlandığımız bir değirmene kalbur ile su taşımaktır.

DEDELİK KURUMU

Alevi inancının günümüze kadar yaşayarak gelebilmesini borçlu olduğu bazı önemli kurumları vardır. Bu kurumların başında ozanlar ve ozanlık geleneği gelir. Belki onlardan daha önemli ve öncelikli olan kurum Dedelik Kurumudur. Alevi toplumu içinde etkisi ve gücü sınırsız olan dedelerin bu etkilerinin ve güçlerinin Aleviliğin yaşamasında önemli katkıları olmuştur. Bu etki ve güç Aleviliği diğer inançlardan ayıran bir özellik olarak karşımıza çıkar. Bu nedenle de olsa Dedelik Kurumunu ele almak ve onu anlamak önemlidir. İnancın temel unsuru olan bu kurumun anlaşılması halinde Aleviliğin de anlaşılacağını söylemek yanlış olmaz.

Ancak Aleviliğin kurumsallaşmasını tamamlamadığına bağlı olarak bu kurum da kurumsallaşmasını tamamlayamamıştır. Kendileri de sürekli bir değişimi yaşayarak Aleviliğin zaman içindeki değişiminin dinamiği olarak Aleviliği dünden bugüne taşımışlardır. Bu anlamda burada sürekli değişen Dedelik Kurumu ve Alevilikten söz etmek çok daha doğru olur.

Dedeliğin işlevi ve Alevilik içindeki rolü bir kenara bırakılarak Alevilik anlaşılamaz. Ancak Dedelik Kurumunun mitleşen yanı ile bir tekrarını yapmanın kimseye bir faydası olmadığı gibi, konunun anlaşılmasını zora sokmak olacağını da hemen belirtelim. Bundan sakınmanın yegâne yolu yüzeysellikten uzak durmakla ve konunun özüne inmekle olur. Günümüzde kabul gören görüşlerle çelişmekten korkmadan olayın özüne gidildiğinde Alevilik ve Dedelik Kurumu anlaşılır olabilir.

Kimseyi memnun etme kaygısı duymadan araştırma ve gözlemlerimizden yola çıkarak vardığımız Aleviliği anlatmak istiyoruz. Bu yüzden herkesin bildiğini gereksiz tekrarlamaktan çok Dedelerden söz edilirken sürekli görülmezden gelinen bir noktanın altını çizeceğiz. Ancak buna geçmeden önce Dedelerin şeceresi üzerine birkaç şey söyleyelim: Bilindiği gibi her Dedenin bir soyağacı vardır ve bu da genelde Ali'ye dayanır. Bu şecerelere bakılacak olunursa Dedelerin hepsinin Ali'nin soyundan geldiği bir anlamda torunları olduğunu kabul etmek gerekir. Bir adım daha ileri gidilerek sıklıkla "Evladı Resul" oldukları söyleminde ifadesini bulan biçimi ile Muhammed'in torunları olduğu söylenir. Ancak bu kabul ediş ne yazık ki bize pek doğru gözükmüyor.

Her şeyden önce Dedelerin etnik kimlikleri açısından olaya bakıldığında bunun olanaksız olduğunu çok rahatlıkla söylemek mümkün. Üstelik Dedelerin kendileri de bir yandan Ali ile ilişkilendirmeyi savunup diğer yandan Türk veya Kürt olduklarını savunmaktadırlar. En azından biz "Evladı Resul" olduklarını söylemelerine rağmen Arap olduğunu söyleyen bir Dede'ye henüz rastlamadık. Ancak yakın bir gelecekte, "Evladı Resul" olmak uğruna, daha çok da asimile olmuş ve İslam'ın gönüllü misyonerliğini üstlenmiş, etnik kimliklerinden vazgeçecek yeni nesil Dedeleri de göreceğiz.

Dedelerin şecerelerinin nasıl oluşturulduğu henüz kesin olarak bilinmiyor. Bu şecerelerin Şah İsmail dönemine ait olduğu ileri sürülmekle birlikte bunu doğrulayan sağlıklı kanıtlara ulaşılmış değil. Büyük bir ozan olduğu gibi büyük bir devlet adamı ve örgütçü olan

Şah İsmail'in bu yol ve yöntemlerle Anadolu'da güç kazanmaya çalıştığı düşünülebilir.

Örneğin Hacı Bektaşi Veli'nin hem Türklüğü üzerine yeminler ediliyor hem de soyağacına baktığımızda Ali'ye kadar uzanıyor. Bu diğer birçok bilinen Alevi önder için de geçerli bir şeydir. Tabii işin kolayına kaçılıp Muhammed'in olduğu gibi Ali'nin de Arap olmadığı ileri sürülebilir. Bir gerçeğin ters yüz edilmesi onu doğru kılmaz. Bu küçük bir komedyenlik denemesi olarak kalır, hepsi o kadar. Dedelerin etnik kimlikleri ile sahip oldukları soyağacının birbiri ile çelişmesi Aleviler arasındaki kafa karışıklığının vardığı duraksamaları göstermesi anlamında son derece önemlidir.

Ancak bundan daha önemlisi Alevi Dedelerin inanç içindeki etkisi ve gücüdür. Bu etki ve güç göz önüne alındığında İslam ile bir ilgisini kurmak ve bunun bir örneğini İslam'ın diğer bilinen yorumları içinde bulmak olanaksızdır. Belki buna İran'daki Mollaların etki ve güçleri bir örnek olarak gösterilebilir. Ancak Alevi Dedelerinin Alevilik içindeki etki ve güçleri ve inancın şekillenmesinde üstlendikleri rol, Mollaların etki ve gücünü aşar. Hatta bu gücü ve konumları ile Alevi Dedelerinin inanç içindeki ruhban sınıfını oluşturduklarını söylemek yanlış olmaz. İslam içinde bu türden bir din adamları sınıfının olmadığını söylemeye gerek yoktur. Her şeyden önce İslam'ın herhangi bir dinsel pratiğini, herhangi bir insanın yönetmesi mümkünken, Cem ve Ayini Cemleri yürütenlerin Dede olması şarttır.

Alevi Dedeleri, inanç içinde Muhammed'in ölümünden sonra yerine geçen halifelerden –Ali de dâhil– dahi etkin ve belirleyici bir role sahiptirler. Özelikle İslam açısından önemli olan ilk dört halifenin hepsi de seçimle iş başına gelmiştir. Seçimlerin ne kadar demokratik olduğu bir yana, işbaşına gelen her halifenin üstlendiği görev ve İslam toplumundaki işlevi siyasal ve dini önderlik etmenin ötesinde değildir. Hiçbir şekilde kutsallıkları ve tanrısal güçleri söz konusu değildir. İslam toplumunun önderleri olması bağlamında elbette etkin ve belirleyici olmuşlardır. Ancak bu etki ve önder kabul ediş -Ali de dâhil- hiçbir zaman Alevi Dedelerinin etkisi ve gücünde olmamıştır.

Halifeler hiçbir şekilde kutsallık ve tanrısal güçler sahibi oldukları savında olmamışlardır. Bu İslam açısından zaten olanaklı değildir. İslam insanların, mekânların ve belli yatır ve ziyaretlerin kutsal güçler içermesi düşüncesini kabul etmez. Bu doğrultuda yapılan imalara dahi izin vermemişlerdir. Hatta bir adım daha ileri gidip peygamberin de böyle bir savı olmadığını rahatlıkla söyleyebiliriz. Aksine kendisinin Allah'ın elçisi ve sözlerini insanlara iletmek dışında bir kutsallığı olmadığını çevresindekilere sürekli söylemiştir.

İslam Peygamberi kendisi bizzat, Tanrı dışında kendisine veya başka bir şeye tapmanın Tanrı'ya eş koşmak (şirk) olduğunu söylemiş ve bunun da en büyük günah olduğunu ilan etmiş ve ayrıca bu, Kuran'ın değişik ayetlerinde kesin bir dille belirtilmiştir. Yine bilinir ki Muhammed insanları İslam'a kazandırmak için mucizeye, keramete başvurmamıştır. Bilinen mucizelerin en yaygını olan Mekke'den Medine'ye hicretinde sığındığı mağaranın ağzının örümcek ağı ile örülmesi ve güvercinlerin girişe yuva yapıp içine yumurta bırakmalarıdır. Bu da onun Allah tarafından korunma altına alınması olup kendisinin yaptığı veya gösterdiği bir mucize değildir. Geriye bir tek Ay'ı ikiye böldüğü mucizesi kalıyor ki onun üzerinde de pek konuşulmadığı, kendisi ve izleyenleri tarafından bu mucizenin pek öne çıkarılmadığı bilinmektedir. Bunun gibi bizzat Muhammed ve izleyen yakın arkadaşları tarafından bazı olay ve unsurların geriye itilmesinin asıl nedeni Allah'a eş koşulmasından özenle kaçınılmasından kaynaklanmaktadır. İslam'ın resimlendirmeyi yasakladığı bilinir. Bu yasağın özü Hristiyanlıkta İsa örneğinde olduğu gibi kişilerin başta da peygamberin resimlerine tapınmaya dönüştürülmesinden korkulduğu içindir. Bunun gibi Muhammed'in sağlığında sürekli altında oturduğu bir hurma ağacının Ebu Bekir tarafından kesilmesinin asıl nedeni de Müslümanların peygamberlerinin ölümünden sonra giderek artan sayılarda bu ağaç altında toplanarak oturmaya başlaması ve bunun ağaca tapınmaya dönüşeceğinden korkulmasıdır. Bunun benzeri uygulamalar diğer halifeler döneminde de sürmüştür. Kendisini Allah olarak gören ve bunu söyleyerek onu tanrısal bir mertebe ile onurlandıran birinin dördüncü halife Ali tarafından başının vurulduğu da yazılıp çizilenler arasındadır. Alevilerin Tanrı'nın birliği anlayışı (Vahdeti Vücut) ve Tanrı'nın insanda görünüme çıkması anlayışı (Enel Hak) ile çelişen bu baş vurdurmayı yapanın Alevilerin anlattığı Ali olmadığı kesindir.

Alevi Dedelerinin, dini önderlerinin Alevi toplumu içinde ve dinsel ibadetlerde üstlendiği işlev ve etkileri göz önüne alındığında bunun İslam ile ilişkilendirmesinin zor olduğunu görüyoruz. Bu işlev Muhammed'in İslam toplumunda peygamber ve bir dini önder olarak üslendiği işlevi bile aşmaktadır. Bu diğer dört halife için de geçerlidir. Özellikle Ocak sahibi Alevi Dedelerinin *"kerameti"* ve doğaüstü güçleri hep bir övünme kaynağı olmuştur. "Evladı Resul" olanların Resul'ün kendisinden daha çok keramet sahibi olması anlamına gelen bu anlayışın İslam ile ilişkisini kurmak zordur. Güvercin donuna girip uçanlar, duvar yürütenler, ateşe girip yanmadan çıkanlar Alevi erenlerinin ve Dedelerinin olmazsa olmaz özellikleri arasındadır.

Aleviler arasında hâlâ anlatılan: kaynar kazana elini sokup karıştıran, soba kucaklayan, narlaşmış sobayı dili ile yalayıp yanmayan Dedeler vardır. Bunların olamayacağını söylemek, ima etmek inancın zayıflığı olarak algılanır. Dedelerin gücünü ve etkisini sorgulamak inancın unsurlarını sorgulamakla eş anlamlıdır. O salt bir dini önder değil doğaüstü güçleri olan bir anlamda kutsal olandır. Bu kutsallığını geldiği aileden (Ocaktan) alır.

Yakın zamana kadar kırın dar kapalı toplumsal yapısı içinde Dedeler, kesinlikle toplumun hâkim unsuru ilk ve son sözü söyleyen unsurlarıydılar. Kitabımızın ileriki bölümlerinden biri olan "Söylenceler İnancı" bölümünde bunlara tekrar döneceğimiz için burada daha fazla değinmeyeceğiz. Ancak sözü geçen bölümde ele alınanların aynı zamanda Alevi Dedelerinin meziyetleri ve kerametleri olarak okunması gerektiğini eklemeliyiz.

Dedelerin Ayini Cemlerde kurulan halk mahkemesi benzeri sorgulamalarda söyledikleri söz, kanun üstü bir güce sahiptir. Dini ve toplumun önderi olmaları tartışmasız ve sorgulanamaz bir yasa gücündeydi. Bütün bunlar şimdi belli oranda törpülenmiş de olsa Dedelerin inanç içindeki etkileri ve işlevleri asla bir imam, müftü veya daha ileri gidelim, Diyanet İşleri Başkanının gücü ve işlevi ile kıyaslanmaz. Dedeliğin babadan oğula geçmesi ve kutsallığın ve dini önderliğin Ocak ile sürmesi bile onun gücünü göstermektedir. Dedeler güçlerini doğrudan, aracısız Hak'tan alırlar.

Alevi inancı içinde Dedelerin işlevi ve gücü neyse Alevi önderlerinin ve erenlerinin işlevi ve gücü de odur. "Yedi Ulu Ozan" diye tanımlanan Alevi Ozanlarının gücü ve etkisi tartışılmaz. Alevi inancını şiirleri ve deyişleriyle günümüze taşımış bu ozanların kutsallık mertebesine yükseltilmesi ve böylece dokunulmaz kılınması da Kitabi İslam içinde kabul edilebilecek bir şey değildir. Bunun gibi yerel birçok yatırın ve ziyaretin olması da İslam ile açıklanacak gibi değildir. Bazen bir kaya parçası, bir kuru dal, bazen bir göl, akarsu, ağaç, kime ait olduğu bilinmeyen bir mezar veya bir dağ kutsal kabul edilir ve bunların kutsallıkları tartışılmaz.

Örneğin Dersim'deki Duzgun Baba, Munzur, Erzincan'daki Ağır Göl bunlardandır.

Alevilik, büyük kitlesi artık şehirlerde yaşıyor da olsa hala yerel bir inançtır. Yerel farklılıkların şehirlere taşınması oradan yurt dışına çıkmış olması Aleviliği yerel özelliklerinden arındırmış değildir. Son zamanlarda yerel ziyaret ve yatırların onarılıp Cem Evleri eki yapılarak hizmete açılması ile bu yerel ziyaret ve yatırların genele mal edilmesi süreci yaşanmaktadır. Değişik yatır ve ziyaretler için oluşturulan festivallerle genelin kutsal kabul edip ziyaret ettiği yerlere yenileri eklenmeye çalışılıyor. Yerelin yok olmaya direnmesi anlamına gelen bu gelişme, diğer yandan kurumsallaşma ve Hacı Bektaşi Dergâhı etrafında bir birliğe varma çalışmaları ile çelişmektedir. Bu birliğe ulaşma/kurumsallaşma çabası, yerel ziyaret ve yatırlardan kaynağını alan Dedelerin geçmişten gelen bir hiyerarşik yapı içinde olmamaları nedeniyle, bu kesimlerin direnci ile karşılaşabilir.

Burada bir noktanın altını çizmeden geçemeyeceğiz: Alevilerin yaşadığı her bölgede yerel olan onlarca, yüzlerce ziyaret ve yatır vardır ve bunların hepsi de Aleviler için son derece kutsal yerleri oluşturmaktadırlar. Kurumsallaşma ve Hacı Bektaşi Dergâhı etrafında bir birlik ve kurumsallaşmanın yerel olana etkisi ve genel olarak Aleviliğe ne türden bir etkide bulunacağını şimdiden bilmek olanaklı gözükmüyor. Ancak bir kurumsallaşmaya henüz uzak olunduğunu da akıldan çıkarmamak gerekir. Bundan dolayıdır ki Alevilikten söz edildiğinde çoğu zaman herkesin kabul ettiği ve katıldığı bir tanımlamanın yapılmasını beklemek son derece zordur. Bütün bu zorluğa bir de zaman içinde oluşturulan kafa karışıklığı ve asimilasyon da alınan yol eklendiğinde, herkesin üzerinde anlaşabildiği bir tanımlama yapmak daha da zor gözüküyor.

Bir yandan kurumsallaşma adına Alevi inancının yerel olan unsurlarının gözden çıkarılması, diğer yandan Alevi inancı ve tarihinin anlatım biçimi Alevilerin asimilasyonuna hizmet etmektedir. Bu olumsuzluğa Alevi Dedelerinin giderek Kuran öğrenmeleri ve Kuran'dan doğru yanlış ayetler okuyarak, yorumlar yapmaları eklenince bu süreç hızlanmaktadır. Alevi Dedelerinin Şah İsmail döneminde edindikleri düşünülen şecereleri ile Şii İslam ile yakınlaşması günümüzde Kuran üzerinden Sünni İslam ile buluşmaya doğru evrimleşmektedir.

Eskiden çok sık duyduğumuz: "Herkesin bir ibadet yeri var. Bizim ne camimiz var ne kilisemiz." yakınması Cem Evlerinin yaygınlaşmasıyla pek dillendirilmez oldu. Ancak şimdi de neden namaz kılmadığımız "Ali namaz kıldı, oruç tuttu; öyleyse bizim de yapmamız gerekmez mi?" gibi sorular ulu orta duyulmaya başlandı.

Geçtiğimiz yıllar içinde en azından Bayram namazlarının Cem Evlerinde kılınması tartışmalarının yapıldığına da tanıklık ettik. Öncelikle Alevilerin kendileri ve Dedeleri tarafından Alevilerin ibadet yerlerinin Cem Evleri olduğu ve ibadet biçiminin de Cem Ayinleri olduğu kabul edilmelidir. Bu konuda açık ve kesin bir dil ve tavır sergilenmeden bir adım ileri gidilmeyeceği artık görülmelidir. Bütün bunların aşılması başta Alevi Dedelerinin açık ve yalın bir şekilde kendi inançlarına sahip çıkarak ve İslam ile ilişkisine bakmadan ve bu kaygıdan uzak olarak inançlarının özüne dönmeleri ile olur. Bu doğrultuda atılacak ilk adım; Cem Ayinlerinin ve Semahların folklorik sunumlarından kurtarılması gerektiğidir. Semah grupları kurmak, konser salonlarında semah dönmeler, inancın folklorik bir sunumundan başka anlama gelmediği gibi ciddiye alınmasının da en büyük engeli olmaktadır. "Namaz kılanlar grubu" olması ne kadar komik ve yanlış bir şey ise bir semah grubunun kurulması ve bunun gösteriler yapması da o oranda saçma ve anlamsızdır. Cem Evlerinde inancın diğer öğeleri gibi semah öğretilmesi ile gösteri yapacak grupların oluşturulması birbirine karıştırılmamalıdır.

Bir diğer yanlış da Dedelerin Cem Evlerinin resmi yöneticileri olarak atanması ve Diyanete bağlanma çabalarıdır. Diyanet İşleri Başkanlığına eklemlenmek ve devletin denetimi altında olma isteğinin temel nedeni ve mantığı; devletin Diyanet eli ile Sünni din adamlarının aylığını veriyor olması gösterilerek Alevi din adamlarının da (Dedelerin) aylığının verilmesidir. Bu anlayış; Alevi Dedelerini, Cami imamları ile aynı kefeye koymaya çalışıyor. Alevi Dedelerinin Alevi inancı içindeki yeri ve konumu hiç düşünülmeden böylesine anlamsız ve kabul edilmesi olanaksız savları ortaya atanlar, yine en çok Dedelik Kurumunu savunanlardır. Alevi Dedelerinin Diyanet Kurumu içinde sıradan devlet memuruna dönüştürülmesi, yüzyıllardır Aleviliği yaşatan ve bugüne taşıyan Dedelik Kurumuna haksızlık etmenin ötesinde, onu gözden çıkarmak anlamına geliyor.

ALLAH - MUHAMMED - ALİ ÜÇLEMESİ
veya ALEVİ TEOLOJİSİ

Yeryüzündeki son din İslam değildir. Çünkü din anlam değiştirerek var olmaya ve kendini yenilemeye devam eder. Günümüzde birçok düşünür tutku ve sadakatle savunulan dünya görüşlerinin din içinde ele alınmasından yanadır. Dinin sorgulanmayan, dogmalardan örülü salt imana dayanan yapısına yaklaşan siyasal dizgelerin din olarak tanımlanmasa da ona benzer bir yapı kazandığı ve toplum ve bireyin yaşamında aynı işlevi gördüğü kesindir.

Yaşadığımız topraklar insanlığın en eski yaşam alanıdır. Birçok uygarlığın birbirini izlediği ve kültürlerin var edildiği bu topraklar üzerinde hâlâ yaşamakta olan inançlar, masallar, destanlar ve söylenceler üzerinden insanlığın dününe bir yolculuğun yapılması mümkündür. İnançların ve diğer kültür varlıklarının dünden bugüne değişerek sürdüğü ve tüm farklılıklarına rağmen özünü yeni inançlar içinde saklamayı başardığını görmekteyiz.

İnsanlık tarihinin, en azından yazılı tarihinin Anadolu'da başladığı düşünülürse bu savımızın hepten anlaşılır olduğu ortadadır. Ele aldığımız konu itibarıyla bakılırsa Anadolu'nun tarihini bilmek bir kez daha anlam kazanmakta. Kaldı ki bu topraklarda yaşayan insanların inançlarından söz ediyoruz ve hiçbir inanç kendinden önceki dönemleri yadsıyarak var olmamıştır. Tarihin bir kesitinde yaşamış ve kendi dönemini etkilemiş her düşünce/inanç kendisinden sonraki dönemlerde kılık değiştirerek yaşamaya devam eder. Bizim gündelik yaşamda uyguladığımız ve çoğu zaman nedenini bilmediğimiz birçok davranış veya inanışın geçmişten kaldığı bilinir. Bunun sayısız örneklerini vermek mümkündür.

Anadolu, yazılı tarihin başladığı yer olduğu kadar söylencelerin ve masalımsı anlatımların da ana vatanıdır. Genelde sözlü bir gelenek izleyen bu söylencelerin bazıları yazıya aktarılmış olsa da büyük çoğunluğu dilden dile kuşaktan kuşağa aktarılarak gelmişlerdir. Bu sözlü miras günümüzde kaybolmakla yüz yüzedir. Ancak Anadolu'da yaşamış halkların günümüze kalan inanışları, gelenek ve görenekleri yaşamımızın bir parçası olarak yaşamaya devam etmektedir.

Günlük hayatımızda her gün uyguladığımız ama anlamını bilmediğimiz birçok şey Anadolu'nun gizemi olarak yaşamış ve yaşamaktadır. Bu gizem bazen bir kaya kabartmasında, bazen bir türkünün ezgisi eşliğinde karşımıza çıkar, bilinir olur.

Başörtüsünde olduğu gibi çıkışı ve sembolize ettiği anlamın çok uzağında durarak var olmaya devam etmiştir. Sümer tapınaklarında tanrılara adanmış *"genel kadının"* başını örtmesinden günümüzün *"namuslu"* kadınının başını örtmesine nasıl gelindiği son derece ilginçtir. Hristiyanlıkta rahibelerin kıyafetleri, manastırlardaki İsa'ya adanmış yaşamları düşünülürse benzerliğin tüm anlam değişimine rağmen çok açık olduğu görülecektir.

Bunun gibi Anadolu'nun dününe ait birçok unsuru kitap dinleri içinde bulmaktayız. Hiçbir inancın geçmişi yadsıyarak var olduğu düşünülemez. İnsanlığın dünü ile bağını reddeden hiçbir inan dizgesi ve düşün sistemi yoktur. Ön Asya bu anlamda son derece zengin bir yer olarak, bugünün şekillenmesini dünü ile etkilemiştir.

Anadolu'da çok yaygın bir gelenek vardır: Buna göre kadınlar erkeklerle birlikte sofraya oturmaz ve çoğu yerde de kadınlar kocalarına adları ile seslenmezler. İlk bakışta İslami bir uygulama olduğu düşünülen bu davranışın bugün kazandığı anlam kadının dışlanması *"eksik"* görülmesi anlayışı ile eş anlamlıdır. Oysa bu uygulamanın İslam ile bir ilişkisi olmadığı gibi ilk uygulandığı biçimi ile kadınların dışlanması ile de hiçbir ilgisi yok.

Bu noktada Herodotos'a kulak verdiğimizde asıl gerçeği tanıma ve anlama olanağı buluyoruz. "İlk adı Anaktoria olan Miletos'u Yunanistan'dan gelen İonialılar savaşta yenince, belli yaştaki erkeklerin hepsini öldürür ve onların kızları ve kadınlarını alırlar. Bu kadınlar da ilginç bir şekilde bunun öcünü almak için yeni kocaları ile sofraya oturmaz ve adları ile seslenmezler."[19] Bunu bir yeminle kuşaktan kuşağa sürdürmüş olan kadınlar, zaman içinde ilk çıkış nedeni ve anlamını yitirerek günümüze kadar getirmişlerdir.

İlk Çağ Anadolu uygarlıklarının var ettiği mitolojik söylencelerin birçoğu halk arasında yaşamakta ve varlığını değişik biçimlerde sürdürmektedir. Bunun gibi bir döneme damgasını vurmuş anlayışlar da hâlâ yaşamaktadırlar. Anadolu'da İslam'a rağmen hangi inanca ait olduğu hiç sorgulanmadan halkın ziyaret edip, kutsal kabul ettiği onlarca, yüzlerce ziyaretin olması, Alevi inancı içindeki sayısız kutsalın varlığı; Hititlerin "Bin Tanrılı Halk" olarak tanımlaması arasında bir ilinti

---

[19] Efsaneler Dünyasında Anadolu, Derman Bayladı sf 162–163

olduğunu düşünmek yanlış olmaz. Hititlerin salt kendi tanrılarına ve kutsallarına saygı göstermediğini, komşularının kutsallarını ve tanrılarını da kutsadıklarını ekleyelim.

Ziyaret ve yatır ziyaret etme, adaklar adama bildiğimiz hiçbir kitap dininin kabul ettiği şeyler değildir. Ancak insanlar bunları bugün inandıkları inançların unsuru olarak görür ve uygularlar. Akla hayale gelmeyecek sayıda ziyaret yeri vardır ve bazı yatırların on yedi metre boyunda olduğuna inanılır.

Bazen farklı dinsel inanışların kabul ettiği ortak kutsallar, yasaklar ve emirlere de rastlarız. Hepsi de kendi inancının unsuru sandıkları bu kutsallar, yasak ve yaptırımların kendilerinden önceki dinlere ait olduğunu bilmezler.

Alevilerde rastladığımız gece tırnak kesilmemesi ve kesilen tırnakların ateşe atılmaması, Anadolu kökenli olan ama farklı inançların insanlarının hepsinin uyguladığı bir şeydir. Ancak bu inanışın Anadolu ile sınırlı kalmadığını, komşu halklar ve coğrafyalara kadar ulaştığını da eklemeliyiz. Örneğin Cezayirli bir arkadaştan Kuzey Afrika'ya kadar uzandığını bizzat biliyoruz. Alevi, Sünni, Süryani, Ortodoks Hristiyan olmalarından bağımsız olarak hepsinin uyguladığı ve hepsinin de kendi inancının bir unsuru sandığı bu uygulama aslında Zerduş dininin bir unsuru olarak Avesta'da yazılıdır.

"Ey Zarathuştra! Bundan dolayı sen, bu dünyada saçlarını taradığın, tıraş olduğun veya tırnağını kestiğin zaman (o artıkları) imanlılardan on adım uzağa, ateşten yirmi adım uzağa, sudan otuz adım uzağa ve kutsanmış baresma demetinden elli adım uzağa götüreceksin."[20]

Bunun gibi birçok inanış, bugün inandığımız ve bağlı olduğumuz inançların unsuru olarak karşımıza çıkar. Bunda şaşacak bir şey yoktur. Hiçbir inanç, düşünce geçmişten tam anlamıyla bağını koparmaz. "Hiçbir madde yoktan var olmaz, var olan madde yok olmaz." (A. L. de Lavoisier). Maddenin veya kütlenin korunumu kanunu doğada ne kadar doğru ve geçerliyse aynı şey düşünce ve inançlar içinde geçerli ve doğrudur. Buna göre hiçbir düşünce ve inanç yoktan var edilmemiştir, var olan da yok olmamıştır.

Bugün bazı sayıları uğurlu bazılarını da uğursuz kabul ederiz. Genel olarak dünyanın her yerinde 13 sayısı uğursuz kabul edilir. Bunun gibi bazı sayılar da hep uğurlu ve hatta kutsal kabul edilirler. Alevilerde üç, beş, yedi, on iki ve kırk gibi sayılar önemli ve belli bir kutsallık içeren sayılardır.

Gündelik dinsel inanış içinde üzerinde hiç düşünülmeden tekrarlanan bu sayıların içerdikleri anlamlar çoğu zaman bilinmezler. Örneğin üçler, beşler, yedilerden yardım isteyen bir Alevi kimlerden yardım istediğini bilerek söylemez. Sorulduğunda dahi bilmeyen birçok Alevi vardır. Allah, Muhammed, Ali diyen bir Alevi bu yaptığının bir üçleme olduğunu ve bununla tanrının birliğini dillendirdiğini çoğu kez bilmez. Alevi inancı içinde yer alan sayıların her biri başlı başına bir kitap konusu olabilecek derinlikte ve kapsamdadır.

Sayılar ile inancın tanımlanması salt Aleviliğe özgü bir olgu değildir. Sayılarla ilgili inançların ana yurdu da Anadolu'dur. Üçlemeyi Hristiyanlıkla özdeş sanan birçok kimse Alevilerin yaptığı üçlemenin Hristiyan kökenli

---

[20] Avesta, Sıraç Bilgin İnternet sayfası.

olduğunu düşünmüştür. Ancak Hristiyanlığı da etkileyen ve hatta daha sonra onun tanrı biliminin şekillenmesine katkısı olan da eski Anadolu inançları ve bu inançlardan etkilenmiş felsefe dizgelerdir. Kaldı ki; İncil yazarlarından olan Pavlusus da bir Anadoluludur. Tarsus doğumludur ve ona kadar İsa'nın Tanrı'nın oğlu olduğuna rastlamayız. İncil'in Markos yazımında İsa; Meryem ve Yusuf'un oğlu olarak geçerken Pavlusus da; Allah'ın oğlu olur. Hristiyan tanrı bilimin evrimleşmesi sürecinde bu anlamda Pavlusus'un katkısı son derece önemlidir. Pavlusus'un eski Anadolu inançlarından etkilenmesi yanında Yeni Eflatuncu düşünceden de etkilendiğini ileri sürmek pek yanlış olmaz. Pavlusus'un görüşlerinin Hristiyan tanrı bilimi etkilemesi zamanla daha da gelişip son şeklini almıştır.

Ancak Tanrı, Oğul ve Kutsal Ruh üçlemesine gelmeden çok daha önce doğa dinlerinin doğada ve insan yaşamındaki üçlü olguları gözlemleyerek üçlü bir inanışı benimsedikleri biliniyor. Birçok arkeolojik bulgu ve mağara resimleri bize bu yönde birçok ipucu vermektedir. İ.Ö. Üçüncü bin yıl Sümer Tanrıları Anu, Enlil ve Ea'dır. Sümerlerden etkilenen Babil inançları da ona benzerlik gösterir. Babil'de, Sin (Ay), Şamaş (Güneş) ve İştar (Venüs) üçlüsü vardır. Yunan Tanrıçası Hekate de üç farklı görünüş altında ortaya çıkar: Gökte Seleme veya Luna (Ay), yerde Diana ve yerin altındaki ölüler diyarında Hekate.

Hititler komşularının tanrılarına sahip çıkmış, hepsine kendi tanrıları gibi saygı göstermiş ve sahiplenmişlerdir. Yendikleri düşmanlarının girdikleri şehirlerinde buldukları tanrı heykellerini ganimet olarak başkentlerine taşımışlar ve bu tanrılara kendi adları ve gelenekleri ile inanmayı sürdürmüşlerdir. O şehri, ülkeyi koruyan tanrılardan mahrum bırakmak, o korumayı kendine kullanmak anlamı taşıyan bu uygulama tarihte pek rastlanan bir uygulama değildi. Bu uygulama salt tanrı heykellerinin, kabartmaların Hitit başkenti Hattuşa'ya taşınmasından başka, kültürlerin ve inançların da taşınması anlamına geliyordu. Daha önce de değindiğimiz gibi bugün Anadolu Alevilerinin ve özellikle Doğu Anadolu Alevilerinin inanışlarındaki sayısız "Kutsala" bakınca Hitit geleneğinin bir devamının yaşanmakta olduğunu düşünmek hiç de yanlış olmaz.

Sümerler, her nesnenin bir kutsalı olduğuna ve onun tarafından korunduklarına inanırlardı. Bu inanışın Hititler üzerinden Dersim'in 'Vare' inanışı şeklinde sürdüğü ihtimali son derece güçlüdür. Dersim inanışı içinde ayrıcalıklı bir yeri olan Vare her şeyin bir sahibi olduğu anlayışıdır. Bu sahiplik bir kutsallığı ve dokunulmazlığı içerir. Alevi inanışı içinde kutsallığı olan yer ve yatırlar, ziyaretler sayılmayacak kadar çoktur. Buna rağmen Alevi inanışı içinde tanrı algılamasının üçlü bir yapısı olduğu da bilinmektedir. Bir üçleme ile karşımıza çıkan bu tanrı anlayışında üçleme son derece önemli bir yer tutar. Alevilerdeki üçlemede kullanılan sembollerin hepsi İslami çağrıştır. Ancak ne ilginçtir ki bu haliyle İslam içinde bir üçleme bulmak mümkün değildir. Semboller İslami'dir ancak üçlemenin kendisinin İslam ile bir ilgisi yoktur.

Üçleme en yaygın şekliyle daha çok Tanrı, Oğul ve Kutsal Ruh olarak Hristiyan inanışında karşımıza çıkar ve bu yüzden Alevilerdeki üçlemenin kaynağı Hristiyanlık olarak düşünülmüştür. Hristiyan inanışındaki üçlemeyi de şekillendiren Yeni Eflatuncu düşünce akımı anlaşılmadan böyle kolaycı bir yaklaşım içinde olmak, Alevi inanışının yaptığı üçlemeyi anlamaya yetmez.

Birçok çalışmada Aleviliğin kaynakları arasında sayılan "Yeni Eflatuncu Düşünce" açıklanmamış, sadece sözü edilmiştir. Biz belki de ilk kez Yeni Eflatuncu düşünceyi ana hatlarıyla gün ışığına çıkararak devam etmek istiyoruz.

Yeni Platonculuk olarak da bilinen Yeni Eflatuncu düşüncenin kurucusu "Plotinos (I.Ö. 204-270) eski çağların (antikite) büyük filozoflarının sonuncusudur. Onun yaşantısı, Roma tarihinin en felâketli dönemlerinden biriyle eş uzanımlıdır."[21] Onun yaşadığı yıllar aynı zamanda Batı Roma İmparatorluğunun çöküş dönemine denk gelir. "Plotinos, kendi zaman-uzay içindeki görünüşünü önemsiz saymış, tarihsel varlığıyla ilgili olarak olup bitenler hakkında konuşmak istememiştir. Bununla birlikte yazdıklarından, Mısır'da doğmuş olduğunu öğreniyoruz. Gençliğinde Alexandria'da (İskenderiye'de) öğrenim gördüğünü, 39 yaşına kadar Ira'da yaşadığını ve çok kez Yeni-Plâtonculuğun kurucusu sayılan Ammonios Sakkas'a yine orada öğrencilik ettiğini bilmekteyiz. Söylentiye göre Plotinos daha sonra, İmparator III. Gordianus'un açtığı sefere, doğu dinlerini öğrenmek üzere katılmıştı. İmparator henüz gençti ve âdet olduğu gibi ordu tarafından öldürüldü (İS, 244). Sonra Plotinos, Doğu'yla ilgili tasarılarını bırakıp Roma'ya yerleşmiş ve az sonra orada öğrenci yetiştirmeye başlamıştır."[22] Bu dönem askeri, siyasal çöküş hızla ekonomik çöküşle sürer. Vergilerin ağırlaştığı, kaynakların azaldığı ve veba gibi

---

[21] Batı Felsefesi Tarihi, Bertrand Russell sf. 285
[22] Batı Felsefesi Tarihi, Bertrand Russell sf. 288

salgın hastalıkların kol gezdiği nüfusun hızla eridiği dönemdir.

Plotinos'un yapıtlarında bunlara rastlamıyoruz. O gerçek dünyaya arkasını dönmüş ve yüzünü öte dünyadaki cenneti ve yaşanılası güzellikleri hayal etmeye çevirmiştir. Bu dünyanın kötülüklerinden uzak ve öte dünyanın cennetine hazırlanmanın doğruluğuna, yaşanan gerçek dünyanın acılarının öte dünyada son bulacağına inanır. Tanrıya erişmenin, onu bulmanın yolunu arar. Bu yol Ortaçağ Hristiyanlığında ve tasavvufta olduğu gibi, dünya nimetlerinden el çekmek olarak Plotinos düşüncesinde karşımıza çıkar. "Tasavvufta gerçek varlık tindir. Tin ölümsüzdür, tanrısaldır. Gövde ölümlüdür, dağılıcıdır, dört öğeden kurulmuştur. Bu öğeler arasında uyum sağlayan tindir. Tin, Tanrı ile insan arasında bağlantı kuran varlıktır. İnsan, tinsel bakımdan olgunlaştıkça, yüceldikçe Tanrı'ya yaklaşır. Bu niteliği dolayısıyla tin, bütün gövdeye egemendir, gövdede olumlu-olumsuz eylemlerin kaynağı tindir. Öyleyse bütün sorun tinin özünü kavramakta, onun egemen olduğu alana girebilmektedir."[23] Bu düşüncenin şekillenmesinde Plotinos felsefesinin payı büyüktür. O salt tasavvufu etkilemekle kalmamış, aynı şekilde Hristiyan tanrı bilimini de derinden etkilemiştir.

"Dean Inge, Plotinos'la ilgili değer biçilmez yapıtında haklı olarak, Hristiyanlığın ona neler borçlu olduğu üzerinde durur, 'Plâtonculuk -der-, Hristiyan tanrı biliminin yaşantısal yapısına ilişkin bir parçasıdır. Başka hiçbir felsefe, Hristiyan tanrı biliminde dirence uğramaksızın iş göremez diyebilirim.' 'Hristiyanlığı

---

[23] Bütün Yönleriyle Tasavvuf Tarikatlar Mezhepler Tarihi, İ. Zeki Eyuboğlu. Sf. 49

parçalara ayırmaksızın Plâtonculuktan sıyırmak son derece olanaksızdır.' Dean Inge, Sanctus Augustul'un, Platon dizgesini 'tüm felsefeler içinde en katıksız ve parlak' bir felsefe; Plotinos'uysa 'Platon'un, kendisinde yeniden yaşadığı' ve az sonra yaşamış olması halinde birkaç söz ve cümlesini değiştirip Hristiyan olacak bir kişi saydığına işaret eder. Inge'ye göre, Aquino'lu Sanctus Thomas *gerçek* Aristoteles'ten çok, Plotinos'a yakındır"[24]

Görüldüğü gibi Plotinos, Hristiyanlığı ve Katolik tanrı bilimini biçimlemede büyük etki yapmıştır. O sadece Hristiyanlığı değil aynı zamanda tüm tasavvufu da derinden etkileyen kişidir. Tasavvufun tanrı bilimi onun görüşleri ile şekillenir. Bu bağlamda Aleviliğin tanrı bilimi ile de bir benzerlik gösterir. Alevi Kızılbaş tanrı bilimi etkilemiştir bilinçli olarak demiyoruz. Çünkü yukarıda aktardığımız gibi Plotinos, "İmparator III. Gordianus'un Doğu'ya düzenlediği sefere, Doğu dinlerini öğrenmek için katılmış olduğunu biliyoruz. Bu sefer sırasında Doğu dinlerinden öğrendiklerini felsefe bütünlüğü içinde yorumlamış olması da pekâlâ mümkündür. Bu küçük açıklamadan sonra konuya dönecek olursak; Plotinos'un bu konuda tek etkide bulunan olmadığını da belirtelim. Epiktet de bu etkide bulunanlar arasında sayılmalıdır. Tanrı ile özdeşleşme ve tüm doğanın, var olanların, tanrının bir parçası olduğu düşüncesi, Epiktet tarafından da savunulmuştur. Daha sonra tanrı doğa ve var olanların kendi içinde bir bütünlüğü düşüncesi tasavvuf olarak karşımıza çıkar.

"Plotinos metafiziği, Kutsal Üçleme'yle başlar. Bunlar; Bir, Tin ve Can'dır. Onlar, Hristiyan Üçlemesinin kişileri gibi, birbirine eşit değillerdir. **Bir** Önce gelir. **Tin**

---

[24] Batı Felsefesi Tarihi, Bertrand Russell sf. 286

daha sonra, **Can** en sonra."²⁵ Bu üçleme ne kadar Hristiyan üçlemesine benzemiyorsa bir o kadar da Alevi üçlemesine benzer.

Bir'in Plotinos düşüncesindeki kavranış biçimi bize Alevilerdeki Vahdeti Vücut (Varlık Birliği) anlayışını ve Tanrı kavrayışını çağrıştırmaktadır. "Bir" bazen Tanrı olarak da adlandırılır. Ancak o var olanın tümünü içerir. Gördüğümüz görmediğimiz her şeydir. Salt doğa değildir, evreni de kapsar ve onu aşar. "Tanrı'dan "Evren" diye söz açmak yanlış olacaktır. Çünkü Tanrı, Evreni aşar. Evren aracılığıyla kendini ortaya koyar. Bir, herhangi geliş işlevliği olmaksızın kendini ortaya koyabilir. «Çünkü, o hiçbir yerde değildir, hiçbir yer o değildir! Bir'den bazen «İyi» diye söz edilirse de o, hem iyi hem Güzel'den önce gelir. (Beşinci Enneados, Beşinci Tractatus, Konu 12)"²⁶

Şimdi de üçlemenin ikincisine gelelim. "*Nous*, (Tin) Bir'in izdüşümüdür denir. O türetilmiştir. Çünkü Bir, kendi kendine araştırmakta bir görüye sahiptir. Bu görü Nous'dur. Güç bir görüş bu. Plotinos, parçaları olmayan bu varlığın kendini bilebileceğini söyler. Bu durumda, gören ve görülen Bir'dir. Platon'da olduğu gibi, güneşe yapılan bir benzetmeyle kavranılan Tanrı'da, ışığı verenle tutuşan aynıdır. Benzetmeyi izleyerek, *nous'yu Bir*'in kendini gördüğü ışık sayabiliriz."²⁷

Burada hemen bir açıklama yapmak zorundayız. Okurun burada üç ayrı kişiden söz edildiğini düşünmesi yanlış olur. Üçlemenin her birinde Tanrı'nın farklı

---

[25] Batı Felsefesi Tarihi, Bertrand Russell sf. 288
[26] Batı Felsefesi Tarihi, Bertrand Russell sf. 289
[27] Batı Felsefesi Tarihi, Bertrand Russell sf. 289

aşamalarından söz edildiği şeklinde anlaşılması daha doğru olur.
"Nous'dan daha alt aşamada olmasına karşın *Can*, bütün yaşayan şeylerin yaratıcısıdır. Güneş'i, Ay'ı, yıldızları görünür dünyayı yapan odur. Tanrısal Anlık'ın bir dalı olan odur."[28] Plotinos üçlemesinin sonuncusu olan *Can* ile Alevilerdeki Ali'nin benzerliği ise son derece açıktır.

Allah, Muhammed, Ali üçlemesinde de Ali en son gelmekle birlikte duyular dünyasından, duyulur dünyaya geçiş yapan "yaşayan şeylerin yaratıcısıdır." O, Tanrı'nın insan sıfatında görünüme çıkmasıdır. Ancak o hiçbir şekilde Plotinos'un *Can*'ında olduğu gibi tanrısallığını yitirmiş değildir.

"Tanrısal Anlık'ın bir dalı olan odur. Çift katlıdır o. *Nous'ya* yönelmiş bir iç *Can* ve dışa yönelmiş bir başka *Can* bulunmaktadır."[29] Üçleme sıralamasında üçüncü olması onun önemsiz olduğu anlamına gelmiyor. Zaten üçlemenin her biri, bir bütünün (yaratanın) farklı aşamaları olup birbirine üstün veya birbirinden yalıtılmış değildir.

Alevi inanışının üçlemesinde de durum pek farklı değildir. Tanrı'nın insan suretinde görünüme çıkması olmasıyla Ali bazen Muhammed'in önüne geçer. Duyulan dünyanın var edeni ve yöneteni olarak bu dünyada aktif olan ve belirleyen odur. Alevi ozanların deyişlerinde bu üçleme için birliği biçiminde işlenmiştir. Bazen üç ayrı şahıs gibi anlatıldığı ve yorumlandığı da olmakla birlikte genelde üçün birliğini anlatır.

---

[28] Batı Felsefesi Tarihi, Bertrand Russell sf. 289
[29] Batı Felsefesi Tarihi, Bertrand Russell sf. 289

"XVI. yy.da aynı zamanda Bektaşi Dergâhı'na da Postnişin olan Sersem Ali Baba:

"Sabah seherinde virdim budur bu
Allah bir Muhammed Ali'dir Ali
Zikrim olan lailaheillallah
Allah bir Muhammed Ali'dir Ali"

diyor. Açıklıkla görüldüğü gibi tek ve mutlak olan Allah'tır, Allah ise Muhammed Ali'dir, Muhammed Ali ise Ali'dir. Kuşkusuz bu ve benzeri tüm deyişlerde, aynı zamanda bir söz oyunu olarak Hak, Muhammed, Ali üçlemesi söz konusudur. Ancak bu üçleme, zaman zaman üç ayrı şahsiyetten söz edermiş gibi yaparken, gerçekte tek bir tanrısal varlık anlamında vahdet-i vücudu ifade etmektedir."[30]

Bu örnekleri çoğaltmak mümkündür. Üçleme gibi diğer sayılar ile ilgili düşüncelerin tümü, Anadolu'nun geçmiş İlk Çağ inanışları içinde yer almış unsurlardır. Ancak hem üçlemenin kendisi hem de Tanrı'nın birliği yani Vahdet-i Vücud Aleviliğin bulduğu bir şey değildir. Onun kaynağı Anadolu İlk Çağ inanışlarıdır.

Üçlemenin kendisi hangi biçimde olursa olsun, İslam içinde kalınarak açıklanacak bir şey değildir. Özellikle Alevilerin üçlemede Ali'ye verdikleri rol gereği bunu İslam içinde kalarak açıklamak, anlamak olanaksızdır. Alevi tanrı bilim (teoloji) anlayışı ile İslam'ın tanrı bilim anlayışının bu farklılığı çok açıktır. Bu farklılığı görmezden gelmek pek anlaşılacak bir şey değildir.

Alevi tanrı biliminin temeli olan bu üçleme Tanrı'nın birliği olarak görülmek yerine Allah, Muhammed ve Ali

---
[30] Alevilik ile İslam ilişkisi, Erdoğan Aydın

olarak üç ayrı şahıs gibi gösterilmesi Alevi teolojisinin de sonu olur. Yeri gelmişken hemen belirtelim: Alevi tanrı bilimi (teolojisi) Kelime-i Şehadet getirmek ile bağdaşmaz. Bütün iyi niyetimizle söyleyecek olursak bu sadece yeni bir kafa karışıklığı ve Alevi tanrı biliminden bihaber olmaktır. Ama Aleviliğin Sünnileştirilmesine bir katkı olduğu da kesindir.

99

ALEVİLİK BİR BÜTÜN MÜDÜR?

Aleviliği bir bütünlük içinde sunanların argümanlarını ele almak başlangıç için iyi bir adım olacaktır. Bu çevreler oldukça sinsice yaptıkları kurnazlıklarla, Aleviliği Bektaşilik ile eş anlamlı göstermektedirler. Bu, Aleviliğin bilinmemesinden kaynaklanan bir yanlış olmayıp, aksine bilinçli olarak yaratılan bir durumdur.

Bununla neyi amaçlıyorlar?

Bütün amaçları bu soruya verilecek yanıtta saklıdır. Ortalıkta dolaşan ve günden güne yaygınlaşan savları bir yana bırakarak, yaşayan Aleviliğin özelliklerini incelediğimizde her şeyi kolayca ve bütün çıplaklığıyla görmemiz mümkün olacaktır. Biz de bunu yapmaya çalışacağız. Gerçeğe ulaşmanın tek yolu olguları objektif bir değerlendirmeye tabi tutmaktan geçer. Kimin ne söylediğinden çok, Aleviliğin ne olduğuna ve Alevilerin inançlarını nasıl yaşadıklarına bakmak izlenecek en doğru yoldur diye düşünüyoruz. Bunu başarabildiğimiz oranda amacımıza ulaşmış olacağımıza inanıyoruz.

Bektaşiliğin Aleviliğin bir kolu olduğunu herkes kabul eder. Bu doğrudur da. Öyleyse; hemen aklımıza gelen şu soruyu ortaya atalım: Bir şeyin kolu olan, aynı zamanda o şeyin kendisi olabilir mi?

Düz mantık kuralları içinde verilebilecek her yanıtın birbirinden çokta farklı olmayacağını rahatlıkla söyleyebiliriz. Bir şeyin kolu olan, o şeyi veya o şeyin bazı özelliklerini içerir. Ancak; bütünü içermeyeceğinden asla kendisi olamaz. Bu basit gerçekten hareketle Bektaşiliğin,

Aleviliğin birçok unsurunu içermesine rağmen Aleviliği açıklamak için tek başına yeterli olmadığı sonucuna varırız. Aynı şeyi İslamiyet'in mezhepleri için de söyleyebiliriz. İslamiyet'in onlarca mezhep ve tarikat düzlemindeki inançlarının İslamiyet'in kendisi olmadığını herkes bilir ve kabul eder. Bu mezhep ve tarikatların kendilerini gerçek İslam görmeleri onların öznel gerçekliğinden öte bir anlam içermez. Oysa nesnel gerçeklik her birinin İslam'ı içerdiğini, ancak ileri sürüldüğü gibi kendisi olmadığını bize gösterir. Bu inançların aralarındaki çatışma ve çelişkiler bunun en güzel örneğidir.

Ancak birileri Aleviliği Bektaşilikle aynı şey olarak yorumlamakta ısrar ediyorlar. Bunu yaparlarken de Kızılbaşları ve Aleviliğin diğer kollarını mümkün mertebe görmezden geliyorlar. Oysa Bektaşilik, Aleviliğin onlarca kolundan yalnızca biridir. Bütün önemi ve değeri Aleviliğin bir kolu olarak ona kattığı unsurlarla ölçülür. Bektaşiliğin öne çıkarılmasının ardında onun Türk rengini daha çok içeriyor olması gerçeğinde aramak gerekir. Her dinsel inanç gibi Alevilik de uluslar üstü bir inan sistemidir. Bu durum diğer birçok inan dizgesi için de geçerlidir. Ama her ulusun inancına kattığı bir özgünlük de mutlaka vardır. Bu bağlamda Bektaşilikte Türk unsurunu diğer kollardan daha fazla gözlemekteyiz.

Aleviliğin bir diğer kolu ve belki de en yaygın kollarından biri olan Kızılbaşlık hakkında her nedense olumlu bir şey duymak mümkün olmuyor. Bektaşiliğin her bir kolu hakkında dahi Kızılbaşlıktan daha fazla şey söylenip yazılmaktadır.

Kızılbaşların bilinçli olarak gözden uzak tutulduğunu düşünüyoruz. Bizi bu düşünceye götüren önyargımız değil somut gözlemlerimizdir.

Kızılbaşlar ile Bektaşiler arasındaki ayrıma girmeden Kızılbaşların kimler olduğuna bakalım, öncelikle tarihte sözü edilen bütün Alevi kıyımları Kızılbaşların yok edilmesi amacıyla gerçekleşmiştir. Bektaşilik Osmanlı sarayına kadar uzanırken Anadolu'da öldürülenler Kızılbaşlardı. Anadolu'nun kırsalında özellikle de Dersim bölgesinde yaşayan Kızılbaşlar bu bölgenin geçmiş kültür ve dinsel özelliklerin tümünü inançlarına yansıtmışlardır. Anadolu'daki Aleviliğin ilk temsilcisi Kızılbaşlardır.

Özünde Alevilik diye bir inanç yoktur. Alevilik belli benzerlikler gösteren inançların genel ve ortak bir adıdır. "İran, Kürdistan, Mezopotamya ve Anadolu coğrafyasında çoğunlukla kırsal kesimlerde yaşayan heterodoks inanç mensupları, en azından Milattan 600 yıl önce yaşayan Zerdüşi'den bu yana Zerdüşti, Mazdaki, Babeki, Hurremi, İsmaili, Katmali, Vafai, Surh-ser, Kızılbaş, Rafızî, Alile Haq. Kakai. Ali-İlahi, Yezidi vb. adlarla anılmıştır; ancak 20. yy. başlarına kadar Alevi adıyla anıldıklarına rastlanmıyor."[31] Bu ad Anadolu Alevilerinin kendilerine verdiği bir ad da değildir. Alevilik içinde görülen inançların birçoğunun tek ortak noktası Ali'yi kendilerine önder kabul etmeleridir. Bunun dışında hiçbir benzerliği olmayan inançlar da Alevilik içinde kabul edilirler.

Dersim bölgesi ve genel olarak Alevi Zazaların inançlarının farklılıklar gösterdiğini belirttik. Bu noktada yanıtlanması gereken bazı sorularla karşılaşmaktayız.

---

[31] Alevilik ve Kürtler, Mehmet Bayrak Özge Yayınları 1997 sf. 18

Zazaca konuşan Kızılbaşların dualarının Türkçe olduğu görüşü oldukça yaygındır. Bu görüş Aleviliğin bir Türk inancı olduğunu ispatlamanın ötesinde Zazaların Türk olduklarını kolaycı bir yoldan ispatlama isteğinin de ifadesidir. Yakın zamanlara kadar Kürt ve Zazaların dualarını kendi dillerinde yaptığı gerçeği atlanarak, günün yaygın anlayışı çerçevesinde Zazalar ve Kürtlerin kimliklerinin yadsınmasına çalışılmaktadır. Bu inkârcı yaklaşımlar yaygın söylemiyle birlik ve beraberlik adına yapılmasına rağmen birlik ve beraberliğe en çok zarar veren anlayışlar olmaktadır. Bu yaklaşımların keyfi olmadıklarını hemen belirtelim. Kürt ve Zaza Alevilerin dualarının Türkçe yapılması süreç içinde oluşmuştur. "Munzur Dağları'nın kuzey eteklerinden geçen Sivas-Erzincan hattı, zaten öteden beri Alevi Türkmenlerin Erdebil'e ulaşmak için kullandıkları bir göç yoluydu. Bu nedenle Kuzey Zazaistan[32] Zazaları, Alevi Türkmen kültürüyle bu hat üzerinde tanışmış, onlarla karşılıklı bir etkileşim içine girmişlerdir. Bu son durum, yani Alevi Türkmenlerin Erzincan'da toparlanmaları da bu iki kültürün karşılıklı etkileşimini hızlandırır. Böylece Türkçe kökenli dinsel sözcükler ve Alevi ozanların Türkçe deyişleri bu dönemde halkımız arasına girer ve günümüze dek yaşamasını sürdürür."[33] Ancak Türkçe kökenli sözcük ve deyişlerin tamamen hâkim olmadığını da belirtmek gerekir. Kızılbaş semahları hâlâ Zazaca ve Kürtçe söylenmekledir.

Bugün bazı Alevi ozan ve sanatçılardan dinlediğimiz, Türkçe birçok deyiş ve semahın orijinalinin Zazaca veya Kürtçe olduğu gerçeğini bilmeyen veya bilerek

---

[32] Zazaistan Tanımlaması bizce biraz zorlanarak varılmış bir tanım olmakla beraber özgün metindeki gibi almayı uygun bulduk.
[33] Ebubekir Pamukçu, Dersim Zaza Ayaklanmasının Tarihsel Kökenleri, sf. 33

görmezden gelenlerin bu alanda ileri sürdükleri görüşlerin bizim açımızdan hiçbir değeri yoktur. Çünkü onlar bu türden görüşleriyle konuyu ne kadar bildiklerini daha doğrusu bilmediklerini ortaya koymanın ötesinde bir şey yapmış olmuyorlar.

Bektaşilik ile Kızılbaşlık, Alevilik içinde birbirine en yakın olanlardır. Bunun temelinde ikisinin de aynı coğrafyanın inancı olması yatmaktadır. Aralarındaki en belirgin farklılık, farklı etnik renkleri içermelerinde yatar. Bektaşiler yukarıda da belirttiğimiz gibi Türk unsurunu içermektedir. Buna karşın Kızılbaş inancı içinde Dersim bölgesinde yaşayan Zazaların geçmiş kültür ve inançlarının ağırlıkta olduğuna rastlamaktayız.

Bektaşiliğe saygılı olan Kızılbaşlar diğer birçok Alevi önderini olduğu gibi Hacı Bektaşi Veli'yi de sever ve sayarlar. Bu sevginin bir nedenini de Bektaşi misyonerlerinin Dersim'deki çabalarına bağlamak yanlış olmaz. "Düşünsel olarak Kızılbaşlara yakın Bektaşiler Osmanlı İmparatorluğu'nda sağlam bir pozisyona sahiptirler. 16. yy. da büyük olasılıkla Sultanın da oluruyla Bektaşiler Kızılbaşları kendilerine doğru kanalize etmeye ve tarikatlaşmaya çalıştılarsa da dağlık Dersim'de başarılı olamadılar."[34] Ama bu çabanın sonucu Türkçe sözcüklerin ve deyişlerin Zaza Kızılbaşlar arasında yaygınlık kazanmasından başka Hacı Bektaşî Veli'nin bölgede sevilen ve sayılan bir Alevi önder olarak Kızılbaşların gönlünde yer almasını sağladı. Ancak bu sevgi, mücadeleci kişiliği ve deyişlerinde açıkça Kızılbaş olduğunu söyleyen Pir Sultan Abdal ve Şah İsmail'e (Kul Hatai) duyulan sevgiden yine de farklıdır. İkisi de

---

[34] Melikoff, Aktaran Hans Lukas Kieser, Kürt Aleviliği. Fransızcadan çevri: Devrim Bayrak

Türkmen olmalarına rağmen bu iki Alevi önder ayrı bir sevgi ile onurlandırılmışlardır.

Anadolu Aleviliği'nden söz edilecekse bunun çıkış noktasının Kızılbaşlılık olduğunu söylemek gerekir. Anadolu'da Aleviliğin kargışlanması, Kızılbaşlığın yerilmesi ve ahlaki saldırılara uğramasıdır. "Mum söndü..." yalanı Alevilerin tümü için değil özellikle Kızılbaşlar için söylenmiştir. Süreç içinde Aleviliğin diğer kolları gibi Kızılbaşlar da kendilerini Aleviliğin genel şemsiyesi altında gördüler ve genel olarak böyle kabul görmesiyle bu yalan da genel bir karakter kazanmış oldu.

Bektaşilikle Kızılbaşlığın aynı olmadığı görüşümüzü kanıtlayacak bir başka noktaya değinmeden Bektaşilerin de Kızılbaşları zaman zaman sapkın bir inanış içinde gördüklerini belirtelim. Bunun oldukça çarpıcı ve birçok kişiyi öfkelendirecek bir sav olduğunu biliyoruz. Bazıları kendimizle bir çelişki içinde olduğumuzu düşünebilirler. Ancak bütün bu düşünceler ve duyulacak öfkeler gerçeği ters yüz etmeye yetmez.

Birbirine sözde yakın olan bu iki inanış zaman içinde ve farklı kişiler tarafından farklı biçimlerde değerlendirilmiştir. Bugün de aynı şey yapılmaktadır. Buna en güzel örnek ise I. Dünya Savaşı yıllarında Bektaşî Tekkesinin başında bulunan Çelebi Efendi'nin sözleridir.

"Asırlar evvel, atam Hacı Bektaş-ı Veli, Dersim bölgesine vaaz ve nasihat edici bazı kimseler göndermişti. Bu kişiler atamın verdiği emir çerçevesinde hareket etmişler ve Dersim aşiretlerini atam Hacı Bektaş-ı Veli'ye bağlamaya çalışmışlardır. Fakat bu kişilerin ölümünden sonra bunların evladan her nedense zaman geçtiğinde atamı unutmuşlar, tamamen Kürt (siz buradaki Kürt sözcüğünü Zaza olarak okuyun) olmuşlar, kendi istek ve arzularına uygun *akıl ve mantık dışında* bir din icat etmişler ve Dersimlileri de bu prensiplerine sürüklemişlerdir."[35]

Bu alıntıdan da anlaşılacağı gibi Bektaşilerin, Dersim Kızılbaşları kazanmak için bir çabaları olmuştur. Ancak bunun bizzat Hacı Bektaş-ı Veli tarafından emredildiği bizce doğru değildir. Bu çok daha sonra yapılmıştır. Sanırız bu Avrupalı araştırmacı Melikoff'un belirttiği gibi 16. yy. da yapılmıştır. Bu aynı zamanda Dersim Kızılbaşlarının dualarının ve deyişlerinin Türkçe olmasının bir başka nedenini de ortaya koyarken, Bektaşilerin Kızılbaşlara bakış açısını da gözler önüne sermektedir.

Burada hemen bir noktayı daha düzeltme gereği duyuyoruz; yukarıda altını çizdiğimiz Cemalettin Çelebi Efendi'nin söylediğinin aksine Bektaşi misyonerleri, kendi istek ve arzularına uygun akıl ve mantık dışında bir din icat etmemişler ve Dersimlileri de bu prensiplerine sürüklememişlerdir. Tam tersine Kızılbaş Zazalar tarafından asimile edilmişlerdir. Yani Çelebi Efendi'nin *"akıl ve mantık dışı"* dediği din, Kızılbaşlığın ta kendisidir.

Aynı Cemalettin Çelebi Efendi I. Dünya Savaşı'nda Rusların Doğu Cephesi'nde ilerlemelerini durdurmak amacıyla Erzincan'a gönderilmiştir. Dersimli Aşiretleri savaşa sokmak için uğraşırken, Kızılbaş Zazaların inançlarına karşı da savaşmış olan Çelebi Efendi, Kiştim Mar'ını da (Evliyasını) yaktırmak istemiştir. Yeni adı ile Erzincan Avcılar köyünde bulunan sözü edilen "Mar"

---

[35] Dr. Vet. M. Nuri Dersimi, Kürdistan Tarihinde Dersim. Sf. 73

yılana benzeyen bir çubuk biçimindedir. Bunun İslam ile bir ilişkisi olmadığı gerekçesi ve paganlık olduğunu düşünen Cemalettin Çelebi bu Mar'ı yaktırmaya çalışmıştır. Bölge Kızılbaşları için çok bilinen ve kutsallığı tartışılmayan bu ziyaretin Çelebi için bir anlamı olmadığı anlaşılmaktadır. Bölgenin inançlarına yabancı ve onlardan bir haber olan Bektaşi Çelebi Efendi bu çabasında başarılı olamamıştır. Ne yaptığı Bektaşilik propagandasıyla taraftar toplamayı başarmış ne de Dersim aşiretlerini savaşa girmeye ikna edebilmiştir.

Bütün araştırmacıların üzerinde anlaştıkları ortak bir nokta da Yeniçeri ordusunun Bektaşi Tarikatına bağlı olduğudur. "Yeniçeri örgütünün Hacı Bektaşî tarafından kurulduğu varsayıldığından Ocak; Zümre-i Bektaşiyan (Bektaşiler Grubu) diye de anılmaktaydı"[36] Bu görüşe bir farkla biz de katıldığımızı belirtmek isteriz. Ancak burada hemen bir paragraf açıp katılmadığımız noktayı da açıklığa kavuşturalım: Yeniçeri Ocağı'nın Hacı Bektaşî tarafından kurulduğu sadece bir varsayımdır. Gerçekte ise yaygın olarak ileri sürüldüğü gibi bu Ocak, Hacı Bektaş'ın kendisi tarafından kurulmuş değildir. Yeniçeri Ocağı'nın kurulduğu dönemde Bektaşilik kurumsallaşmış bir tarikat değildi. Bilindiği gibi belli kuralları ile bir tarikat olması ve Anadolu'da yaygınlık kazanması Hacı Bektaşi'nin ölümünden çok sonra olmuştur. Yeniçeri Ocağı baştan beri de Bektaşî değildir. Yeniçeri Ocağının Bektaşi Tarikatına bağlanması daha sonra, büyük olasılıkla da Balım Sultan'ın (öl. 1516) döneminde olmuştur. Şimdi bu noktadan tekrar konumuza dönelim.

---

[36] Şerafettin Turan, Türk Kültür Tarihi, sf 121

Yeniçeri Ocağı'nın okuduğu en yaygın gülbank şudur: "Allah Allah illallah! Baş üryan, sine püryan, kılıç al kan! Bu meydanda nice başlar kesilir, olmaz hiç kimse soran! Eyvallah, Eyvallah! Kahrımız, kılıcımız düşmana ziyan! Kulluğumuz padişaha ayan! Üçler, yediler, kırklar. Gülbang-ı Muhammed-i, Nur-ı Nebi, Kerem-i Ali, Pirimiz, Sultanımız Hacı Bektaş-ı Veli, demine Hü diyelim Hü!"[37] Bu gülbank da yukarda söylenenleri doğrulamaktadır. Ancak anlamakta güçlük çektiğimiz bu ordunun Anadolu'da on binlerce Alevi'yi nasıl katlettiğidir?

"Sultan I. Selim (1512–1520) tahta geçişinin ilk gününden başlayarak ülkede koyu bir Sünnilik uyguladı. Aynı yıl Anadolu'da 40 bin Alevi'yi öldürdü."[38] Yavuz Selim bütün bunları tek başına yapmadığına göre Yeniçerilerin de bu katliamlardaki payını belirtmek gerekir. Bu satırların yazarı Anadolu'da binlerce Alevinin öldürülmesine karışmış bir ordunun Şah İsmail'e karşı savaştığı ve "Safavi Ordusunu biçtiği" halde, İran'ın Alevi olmasından dolayı "Alevilik yanlısı asker, İran'a saldırma konusunda huzursuzluk yarattı ve savaşmadı. Saldırı orda durdu."[39] buyurmaktadır. Ancak bu söylenenlerin birbiri ile çeliştiğini kendisine hatırlatarak devam edelim. Her şeyden önce "biçtiği Safavi" ordusunun başında Şah İsmail bulunuyordu ve o dönemin en bilinen Kızılbaş önderiydi. Şah İsmail'in ordusunu biçen ordu İran üzerine neden yürümesin? Bizce; Yeniçeri Ordusunun gerek içyapısı ve gerekse o dönemde Bektaşilik ile Kızılbaşlık arasında yapılan

---

[37] Aktaran; Şerafettin Turan, Türk Kültür Tarihi, sf. 121
[38] R. Yürükoğlu, Okunacak En Büyük Kitap İnsandır, sf 64
[39] R. Yürükoğlu, a..g.e sf. 64 - 65

ayrımdan dolayı bu ordunun Alevileri (siz buradaki Alevileri Kızılbaşlar olarak okuyun) öldürmesi mümkün olmuştur. Başka bir söylemle; Yeniçeri Ordusunun gerçekte katlettiği, ortadan kaldırmakta hiçbir şekilde zorlanmadığı insanlar Kızılbaşlardı. İkisi de bugün Alevilik içinde olan bu iki inanç topluluğunun birbirlerini ortadan kaldıracak kadar düşman olmalarının altında yatan neden neydi?

Bize göre, bu iki inancın birbirlerine düşman olduklarını söylemek yanlış olur.

Sünni iktidarın ve onun devletinin bir kurumu olan ordunun inançlarına muhalif olan sınıf ve katmanların kendilerini ifade edişleri, başka bir söylemle dinsel inançları ile aynı paralellikte olması burada pek bir anlam ifade etmez. Osmanlı hanedanının olduğu gibi, Yeniçeri Ordusunun varlığı ve devamı da çoğunluğu köylü olan Alevi-Kızılbaş topluluklarının sömürülmesine bağlıdır. Bütün Alevi-Kızılbaş katliamlarının temelinde yatan gerçek bu sömürünün sürdürülmesi çabasından başka bir şey değildir. Bu sınıf savaşımında Bektaşilik ile Kızılbaşlık arasındaki farklılıklar ve Kızılbaşlar hakkında geliştirilen dedikodu ve iftiraların kolaylaştırıcı bir etkisi olduğu da kesindir.

Bektaşiliğin, Kızılbaş inancından farklı olmadığını duymuş, okumuş olan okurun bu ayrımı anlaması kolay değildir. Burada Aleviliğin genel bir kavram olduğunu ve bu adın çok sonraları Ali'yi ilk İmam kabul edenler için kullanıldığını yenileyerek devam edelim. Alevilerin kendilerini Alevi olarak adlandırmaları da yenidir. Bu ad onlara dışarıdan verilmiş, bütünü kapsayan bir şemsiye görünümündedir. Alevilerin tümünün aynı ad ile tanımlanması onları birbirlerine yakınlaştıran bir etmen olmuştur. Ortak ada uygun olma, ortak değerlerde buluşmayı istenç dışı Alevilere dayatmıştır. Tarihte birbirleriyle savaşan, birbirlerini yok etmeye çalışan taraflar olmuştur. Bugün onları birbirlerine yakın ve dayanışma içinde görmekteyiz. Çok değil kısa bir süre öncesine kadar değişik Alevi toplulukları birbirlerini en olmadık ithamlarla suçlayabilmişlerdir. Bunun köklerini, hepsi de kırsal inançlar olan değişik Alevi inançlarının kırın kendine özgü kapalılığını aşamamış olmasında aramak gerekir. Kapalı toplumların insanı, kendi inançlarından farklı diğer inançları dolaylı duyumlarla öğrenmek durumundadır. Bundan dolayıdır ki diğer inançlar ve topluluklar hakkındaki bilgisi hiçbir zaman yeterli olamaz. Alevilerin birbirleri hakkındaki bilgileri ne kadar yetersiz ise araştırmacılar ve tanınmış bilim adamlarının da bu konularındaki bilgilerinin yetersiz olduğunu görüyoruz. Ünlü tarihçimiz Şerafettin Turan dahi Bektaşiliği ayrı bir yere koyarak Şiilikten ve Kızılbaşlıktan ayırmaktadır. Bütün bunlar bir yana Türk Kültür Tarihi, "Türk Kültüründen Türkiye Kültürüne ve Evrenselliğe" adlı çalışmasında Kızılbaşlığı Şiiliğin bir kolu olarak göstermektedir. Bektaşileri tanımladıktan sonra; Bektaşiler için "Aslında Şii mezhebinin bir kolu olan, daha çok köylerde görülen Kızılbaşlardan sayılarak aşağılanmak istenmişlerdir."[40] demektedir. Bektaşiliğin, Kızılbaşlıkla aynı gösterilmesinden dolayı neden ve nasıl aşağılandığını anlatmayan Şerafettin Turan bu satırları ile Kızılbaşlık üzerine fazlaca bir bilgisi olmadığını ve genel görüşlerden etkilendiğini bize göstermektedir.

Aleviliğin kolları birbirlerinden bağımsız, yer yer de birbirlerinden etkilenerek değişik zamanlarda ve yerlerde

---

[40] Şerafettin Turan, Türk Kültür Tarihi, sf. 121

ortaya çıkmıştır. Kızılbaşlık Anadolu'da ilk ortaya çıkan inançlardan biridir. Bektaşilik, Hacı Bektaşi Veli'nin şahsında yeni bir tarikat olarak şekillendiğinde, Anadolu'da Kızılbaşlılık oldukça yaygın bir inanç olarak vardı. Kaldı ki, Hacı Bektaşi Veli yeni bir inanç dizgesi oluşturma düşüncesiyle yola çıkmış değildir. Diğer yandan hakkında çok sınırlı bilgimizin olması, böylesine savların ileri sürülmesine olanak vermemektedir. Hacı Bektaşi Veli'nin kim olduğu ile ilgili bilgimizin çok sınırlı olduğu ve onun üzerine anlatılanların çoğunun söylencelerden ibaret olduğu düşünülürse bu türden savların ortaya atılması çok da doğru olmaz. Bektaşiliğin bir tarikat niteliği kazanıp yaygınlaşması yukarıda da belirttiğimiz gibi onun ölümünden çok sonra olmuştur.

Hacı Bektaşi'nin olduğu söylenen birçok yazıtın onun olduğu şüphelidir. Bundan dolayı onun adını alan Bektaşiliğin ne kadar onun özgün düşüncelerini içerdiğini bilmek zordur. Bununla birlikte onun adı ile anılan bu öğretinin Aleviliğe kattığı değerleri yadsımak gibi bir düşüncemiz olduğu düşünülmemelidir.

Bektaşiliğin bir başka özelliği de genellikle şehirlere yakın yerleşim yerlerinde veya kasabalarda yaygın taraftar bulmuş olmasıdır. Kırın varlıklıları arasında yaygın taraftar bulan Bektaşiliğin tam tersine, Kızılbaşların genellikle üreten yoksul köylüler olduğu gerçeği bu iki inancın farklı sınıfsal temellere dayandığını göstermektedir. Farklı sınıfların hayata yaklaşımı ve onu yorumlaması ne kadar farklılık gösterirse bu iki inanç da o kadar farklı olmak durumundadır.

Bu sözünü ettiğimiz temel farklılığa konuşulan dilin farklılığından kaynaklanan kültürel farklılıkları da eklemek hiç de yanlış olmaz.

ALEVİLER VE KADIN

Tevrat, daha sonra İncil ve Kuran'da da yer aldığı biçimiyle "Yaradılış" öyküsü bilinmektedir. Buna göre Tanrı önce Âdem'i balçıktan yaratmıştır. Âdem'in yalnızlıktan sıkılması üzerine, can sıkıntısına çare olarak kaburga kemiğinden ona eş olması için Havva yaratılmıştır. Havva yasak meyveyi (elma) yılan kılığına giren şeytanın oyununa gelerek yemiş ve bu suçuna Âdem'i de ortak etmiştir. Böylece, insanlığın ilk ataları sorunsuz, tüm tehlike ve kaygılardan uzak cennette süren yaşamlarını kendi işledikleri suçtan dolayı yitirmiş olurlar.

Şeytan, Havva'yı kolayca aldatmış ve suç işlemeye ikna etmiştir. Havva şeytana kanmakla kalmamış aynı zamanda; Âdem'in başını da belaya koyacak kadar zayıf ve şeytanın oyunlarına açık biri olduğunu göstermiştir. Şeytana kolay kanışıyla, yaradılış olarak Âdem'den sonra gelen Havva bu özelliği ile erkekten daha zayıf yaradılışlı olduğunu ortaya koyar. İş bununla da bitmez ve şeytana yardımcı olmasıyla kadınların toplumdaki yerini de belirlemiş olur. Bu yer, zayıflığına uygun olan, erkekten sonra gelen yerdir.

İslamiyet'in kadına bakış açısının temelini oluşturan yaradılış öyküsü başka ayetlerle de desteklenir.

"İslam dininde kadın, erkeğin karşısında, ikinci aşamada bulunan, erkeğe oranla çok daha az önem taşıyan bir varlıktır."[41] Bu gerçek yer yer kadınlarla ilgili

---

[41] İ. Zeki Eyüpoğlu, Bütün Yönleriyle Bektaşilik sf. 335 Yeni varsayım Çağır Yayınları

bazı güzel sözlerin söylenmiş olmasını engelleyememiştir. Kadının toplumsal yaşamdaki yeri ve ana olarak oynadığı rol nedeniyle hepten dışlanmasını önlemiştir. Ancak yine de yaşanan gerçek, güzel bir takım sözlerden öte kadına herhangi bir değer verilmediğini göstermiştir. Kadınlar hiçbir şekilde erkeklerle eşit olamamışlardır.

Alevi kadının toplumdaki yeri konusunda da gerçeklere uymayan bir yığın görüş ileri sürülmektedir. Son zamanlarda bu görüşlerle oldukça sık karşılaşmaktayız. Alevi kadınların erkekleri ile "eşit" bir konumda oldukları ve bu yüzden de Sünni kadınlardan çok şanslı oldukları söylenir. Ancak olaya yaşayan Alevilik açısından yaklaştığımızda, ileri sürülen bütün bu görüşlerin dayanaksız olduğunu rahatlıkla görürüz.

Alevi topluluklarının tamamı ataerkil bir yapıya sahiptir. Toplumsal örgütlenmeleri ataerkil toplumun bütün özelliklerini yansıtmaktadır. Erkek egemen bir toplumda, kadının erkekle eşitliğinden söz etmek sadece komik bir sav olarak değer taşır. Sosyolojik anlamda ise böylesine keyfi varsaymaları kabullenmelerin, hiçbir değeri yoktur. İ. Zeki Eyüboğlu Alevilerde kaç-göç olmadığını özenle vurgulamaktadır. Bunu yaparken de Aleviliğe kendince demokrat bir içerik yüklemektedir. Ancak Alevi topluluklarında "Gelinlik" kurumunun varlığından habersizdir. Kadınların kocalarından başka erkeklerle konuşmaları, birlikte oturmaları ve yemek yemeleri ayıptır. Kadınların ağızlarını örtmeleri ve gelinlik yapmaları gerekmektedir. Kadınların erkekler ile her alanda eşit olmadığını herkesten çok İ. Z. Eyüboğlu bilmektedir. Ama her nedense birçok aydınımızın yaptığı gibi gördüğü bir örneği genelleştirmek hastalığına düşmekten kendini kurtaramıyor. Özellikle Galiye

Mezhebinden örnekler vererek düşüncesini haklı göstermeye çalışmaktadır. "Eşini seçmede, toplum düzeninde erkeğe verilen yetkilere yakın yetkiler almada kadın bağımsızdır."[42] derken, kadının yalnızca erkeğin yetkilerine yakın -eşit değil- yetkilere sahip olabileceğini belirtmektedir. Yazarın üzerinde pek de emin olmadığı bir başka nokta da Alevilikteki insan ile Tanrı'nın özdeşliği konusunun kadını da içerip içermediğidir. Sevgili İ. Z. Eyüboğlu kadının da insan olduğunu ve özellikle bir cinsin belirtilmediğinden hareketle kadının da bu özdeşlik içinde görülmüş olabileceğini söylemektedir. Ancak bütün iyi niyetine rağmen bu düşünce bir varsayım olmanın ötesine geçemez. Çünkü tarihte kadının olduğu gibi erkeklerin, çocukların "insan" olarak görülmediği dönemlerin olduğunu da biliyoruz. Köleci toplumlarda köle sahiplerinden başkalarının insan olarak görülmediğini anımsamak yeterli olacaktır.

"Son zamanlarda Alevi kadınının konumunda bir geriye gidiş söz konusuysa, bunun nedeni, Alevi düşüncesinin unutulmaya yüz tutulmasından kaynaklanıyor. Modern çağın, kadına getirdiği haklar, genelde kadınlarımızı Alevi kadınlarının geçmişten getirdiği hakların seviyesine getirebilmiş değil."[43] Bu satırların sahibi hiç düşünmeden ve işine geldiği gibi yazmayı seven biridir. Evet, Rıza Zelyut, her konuda olduğu gibi bu konuda da işine geldiği gibi ve hiç düşünmeden yazmış.

Alevi kadının geçmişteki yeri neydi?

---
[42] İ. Zeki Eyüboğlu, Alevilik-Sünnilik - İslam Düşüncesi, sf.97
[43] R. Zelyut, Öz kaynaklarına göre Alevilik, sf. 60–61

Sayın Zelyut bunu bize söylemiyor. Ama ona inanmamızı bütün saflığıyla bekliyorsa aldanıyor. Kadınlarımızın emek güçlerinden dolayı elde etmiş oldukları göreceli "iyi" konumlarının, abartmaya, hele hele günümüzde gelmiş oldukları yeri küçümsemeye kimsenin hakkı yok. Sayın Zelyut'un modern toplumdan kastettiği kapitalist toplum ise düşüncesinin iç mantığını anlamak hepten olanaksızlaşmaktadır.

Kapitalist toplumlarda kadınların kazanmış oldukları haklar ve kadın erkek eşitliği bağlamında gelinen yer, önceki toplumlara göre göreceli bir iyileşmeyi gösterir. Ancak bu kesinlikle kadınların sorunlarının olmadığı anlamına gelmez. Kapitalist toplum, kadının emeğine daha önceki toplumlara göre daha fazla gereksinim duyar. Bundan dolayı da kadınların toplumsal yaşama katılmasının önündeki bazı engelleri istemese de kaldırmak zorunda kalır. "Bireylerin yaşamlarının ortaya koyuş biçimi, onların ne olduklarını çok kesin olarak yansıtır. Onların ne oldukları, onların üretimiyle, ne ürettikleriyle olduğu kadar, onu üretiş biçimleriyle de örtüşür. Demek ki, bireylerin ne oldukları, onların üretimlerinin maddi koşullarına bağlıdır."[44]

Alevi toplulukların içinde devindikleri feodal toplumsal yapı daha ataerkil ve daha geri bir üretim tarzı ve üretim ilişkilerini içeriyor. Bu da sosyolojik olarak onun "Modern çağın" kadınından daha iyi konumda olmasını olanaksızlaştıran etmenlerin başında gelir. Bir toplumdaki sınıfların ve cinsiyetlerin birbirlerine karşı konumlarını belirleyen o toplumdaki inançlar değil, o toplumdaki ekonomik altyapıdır. İnançlar da içinde olmak üzere bütün üstyapı kurumları ekonomik altyapıya uygun olarak şekillenir.

---

[44] Marx, Engels, Alman İdeolojisi (Feuerbach) sf 38

Alevi kadının toplumdaki yerinin iyi ve ileri bir düzeyde olduğunu savunan görüşler bu argümanlarına kanıt olarak Alevi ozanların şiirlerini gösterirler. Alevi ozanlar, kadınlarının Sünni kadınlardan göreceli iyi olan konumlarını işlerken zaman zaman öznel davranmışlardır. Bu ozanların şiirlerinde abartma sanatının güzel örneklerini gördüğümüzü de belirtmeden geçmeyelim. Her şeye rağmen bu şiirlerde geçmişin yaşanan gerçeklerinden bazı izdüşümleri, ipuçlarını da yakalamak olanaklıdır. Ancak bu şiirlerde dile getirilen bir başka gerçek de kendilerini ezen ve dışlayanlardan bu yol ile bir biçimde hesaplaşmaya girildiğidir. Gerçek ise yaşayan Alevilik açısından son derece açık ve daha başkadır. Bugün bile Alevi kadınların okuryazarlık oranları erkeklerinden geri ise ve hâlâ doğumlarda kadınlar ölmekteyse, kadınların konumlarının iyi olduğunu ileri sürmek ne kadar doğru olur? Bu basit gibi görünen veriler, Alevi kadının toplumdaki yerini abartmaya gerek olmadığını göstermeye yeter.

Alevi kadının Sünni hemcinsinden görece iyi konumda oluşu Aleviliğin kadın erkek ayrımı kabul etmeyen bir toplum olduğunu göstermez. Böylesine yapay ayrımlarla bir sonuca varmak da olanaksızdır. Alevilik kendi içinde incelendiğinde kadının konumunun ne olup olmadığı anlaşılacaktır. Alevi kadınlara Sünni kadınlardan iyi konumda olduklarını söylemek, onların bugünkü konumlarını kabul etmek anlamına geleceği için bu kabul edilemez bir durumdur.

Aleviliğin İslam'ı en iyi özümlemiş inanç biçimi olduğunu savunan birçok Alevi yazar, Kuran'ın "Nisa"[45]

---

[45] Allah, insanları birbirinden üstün kıldığından ve (erkekler) harcayıp kadınların geçmişini sağladığından dolayı erkekler, kadınlar üzerinde yöneticidir. Onun için iyi kadınlar itaatkâr olup, Allah'ın kendilerini korumalarına karşılık kendileri de gizliyi korurlar (kocalarına

süresinde sözü edilen kadınların kalıttan (miras) hangi oranda pay alabileceği konusundaki eşitsizliği ve kadını erkekten aşağı gören anlayışı açıklamalarına olanak yoktur. Kuran'ın bu suresi ile Aleviliğin kadın erkek eşitliğini kabul ettiği öngörüsü birbiri ile çelişir durumdadır. Öyleyse Aleviliği Kuran ile açıklamak ve Alevi kadının toplumdaki görece iyi konumunu İslam'ın içinde açıklamak olanaksızdır. Alevi kadınlarının konumlarını onların sosyal konumları ve üretimdeki etkinlikleriyle açıklamak en doğru olandır.

Tarihin bir döneminde kadınların günümüzde olmadıklarından daha fazla özgür oldukları dönemler ve toplumlar da mevcut olmuştur. Kadının toplumda egemen güç olduğu, toplumun en üst yönetim organlarında bulunduğu dönemler de yaşanmıştır. Ancak ilk çağların bu toplumsal yapılanmasında kadın her ne kadar özgür ve belirleyici de olsa, bugün olanakları ve yaşam standartları göz önüne alındığında bu özgürlük ve belirleyicilik de pek anlamlı olmamaktadır. Bu Anaerkil toplum döneminin bize gösterdiği basit gerçek kadının toplumsal üretime katıldığı oranda özgürleştiği ve erkekle eşit bir konuma gelebileceğidir. Kadın emeği her ne kadar küçümsense de ondan hiçbir zaman vazgeçilememiştir. Tarlada, bahçede ve bağda vazgeçilmediği gibi sanayide de vazgeçilmemiştir.

Kadın emeğini küçümseyenler de kadının hiçbir üretim aracını kullanmadığı koşullarda dahi biyolojik yapısı ile erkekten daha üretken olduğunu bilirler. Kadın doğurgan olma özelliği ile erkekten farklı olarak yaşamın devamlılığının temsilcisidir. Geçmişte ve günümüzde

---

gizli gizli ihanet etmezler) Dik kafalılık, şirretlik etmelerinden korktuğunuz kadınlara öğüt verin, yataklarından ayrılın ve (bunlarla yola gelmezlerse) onları dövün. **Nisa Süresi**, sf, 83 Kuran-ı Kerim ve Yüce Meali, **Prof. Dr. Süleyman Ateş**

kadının sahip olduğu yetenekleri görmezden gelenler, onun ana olma özelliğini küçümseyememiş ve saygı göstermek zorunda kalmışlardır. Kadını açıktan aşağılayan toplumlar dahi kadını bu yeteneklerinden dolayı göklere çıkarmıştır. Hatta daha ileri giderek cenneti onların ayaklarının altına sermek zorunda kalmışlardır.

İlkel çağlarda kadının doğasından getirdiği bu yeteneklerinden dolayı tanrısal güçlere sahip olduğu düşünülüyordu. Anadolu'da kadın tanrıçalar erkek tanrılardan önce var olmuşlardır.[46] Bütün bunlar, bugünkü kadının toplumsal yaşamında beli belirsiz de olsa bazı izdüşümleri bırakmıştır.

İslamiyet'e rağmen Anadolu'da kadının toplumsal yaşamdaki yeri diğer Müslüman ülkelere göre göreceli de olsa iyi olmuştur. Bunu Anadolu'nun dününde aramak ve geçmiş kültür ve uygarlıkların bunda küçümsenmeyecek payının olduğunu varsaymak hiç de abartı olmaz.

Diğer yandan Anadolu coğrafyası ile diğer Müslüman ülkeler coğrafyasının karşılaştırılması ve üretim alanlarının ve bu üretim alanlarında kadın emeğinin kullanılırlık düzeyleri göz önüne alındığında bu farkı daha iyi kavrama şansımız olur. Arap çöllerinde çok kısıtlı üretim olanakları olması kadının buradaki özgürleşmesinin önündeki engellerinden biridir. Geçmişte geçimini sınırlı olarak ticaretten daha çok kabileler arası talan ve yağmadan sağlayan Arapların kadına vereceği değer de bu kadar olabilir. Araplarda kız çocuklarının diri diri çölün kızgın kumlarına gömülmeleri doğru ise bunun da nedeni, onların üretici

---

[46] Am Anfang war Gottein Göttin (Başlangıçta Tanrı Kadındı)

(yani savaşçı) olarak değil, tüketici olarak görülmelerinden olmalıdır. Anadolu ise Arap Yarımadası'ndan farklı olarak tarihin ilk dönemlerinden bu yana tarımsal üretimin yapıldığı alanlardan biridir. Bu alanda kadın emeğine duyulan gereksinim nedeniyledir ki Anadolu'da kadının toplumsal yaşam içindeki konumu ve etkisi hep farklı olmak durumundaydı.

Alevilik diğer birçok konuda olduğu gibi bu konuda da Anadolu'nun geçmiş mirasına sahip çıktığı oranda, kadın konusundaki göreceli iyi konumunu geliştirebilir. İslam içinde olma adına İslamiyet içinde eriyen Arap kültürünü ve kadın anlayışını kabullenmek, onu hem geçmişinden hem de kadınlar konusundaki göreceli iyi konumundan uzaklaştırır. Alevi kadınların göreceli iyi konumlarını abartmadan ama kesinlikle ona İslamiyet'in dar elbisesini giydirmeye kalkmadan geçmişi ve bugünü irdelemek, Alevi kadınların önündeki birçok engeli aşmasına olanak sağlayabilir.

SÖYLENCELER İNANCI

Alevilik söylencelerle bezenmiş bir inanç gibidir. Us ve mantığın kabul edemeyeceği birçok söylence Aleviliğin temel kaynakları gibidir. Ali hakkındaki söylenceler başta olmak üzere bütün Alevi büyükleri hakkında usun almayacağı söylenceler yaygın olarak anlatılır. Söylenceler mucize niteliğinde oluşlarıyla dikkat çekmektedir. Bu da oldukça doğal ve dinlerin özüne uygundur. Çünkü "Bir yerde inananlar ne denli çoksa, o denli de mucize vardır."[47]

Her din şöyle ya da böyle söylencelerle birlikte var olmuştur. Alevilikte ise inancın özünü oluşturacak boyuttadır. Aleviler kendi aralarında bu söylenceleri sürekli yeniden üreterek anlatır. Anlatılanlara inanmak inancın temelidir. Anlatılan söylencelere inanmadığınızı ima etmenize dahi tahammül edilemez.

"Peygamber, sabahleyin Hz. Ali'yi çağırdı, sancağı ona teslim etti. Ali o gün, kalenin kapısını söküp savaşta kalkan olarak kullandı ve Heyber fethedildi."[48] Bu satırları yazan yazar bu satırların söylence olup olmadığını dahi söyleme gereği duymuyor. Tam tersine bu söylenceden hareketle Hz. Ali'nin ilk halife olması gerektiğini ispatlamaya çalışıyor. Her şey bununla da kalmıyor. Halk arasında us ve mantığa uygun olmayan nice söylence vardır. Bunların hepsini teker teker ele alıp eleştirmek hem anlamsız hem de olanaksızdır. Ancak yine de burada bir kaç söylenceye yer vermek istiyoruz.

---

[47] Diderot Çağı, Yaşamı ve Eseri, Server Tanilli sf.73
[48] Öz kaynaklarına göre Alevilik; Rıza Zelyut sf. 88

Ali ile ilgili söylenceler özellikle en yaygın olanlardır. Muhammed'in ölümünden sonra Ali'nin ilk halife olması gerektiğini kendilerince kanıtlamak amacıyla birçok söylence üretilmiştir. Bunların bir kısmının tarihsel doğruluk payları da olsa özü itibariyle söylencedirler. "Peygamber bir gün Tanrı'nın buyruğunu anlatmak ister. Yetmiş iki milleti etrafına toplar. Deve palanından bir minber yaptırıp üzerine çıkar. Hz. Ali'yi yanına çağırır. Minberde ikisi bir gömlekten baş çıkarır, iki baş bir vücut olurlar. Hz. Ali, Hz. Muhammed'in kutsal giysilerini giyip uzaklaşır."[49] Bu ve buna benzer söylencelerle Muhammed'in kendisinden sonra Ali'nin halife olmasını istediği anlatılmaya çalışılır. Ali ile Muhammed'in aynı ve bir kişi olduğunu anlatan söylenceler olduğu gibi "Ali ile Tanrı arasında özdeşlik olduğunu ileri sürenler, Ali'nin tanrılığını da ortaya attılar. Onlara göre Ali, Tanrı'dır, Tanrı Ali'nin varlığında insan kılığına girerek görünüş alanına çıkmıştır. Tanrı Ali'dir, Ali tanrıdır. İslam inançlarıyla en ufak bir ilgisi bulunmayan bu görüşe "Ali Allahilik" ya da "Galiya" denir. Bu inanç ilk çağdaki "İnsan Tanrı" özdeşliğini ileri süren anlayıştan kaynaklanır."[50] Bu anlayışın mensupları da Alevilik içinde bir kolu oluştururlar.

Ali ile ilgili anlatılan söylenceler öyle ileri gider ki; Muhammed'in dahi yapamadığı, bir yalvaç olarak gösteremediği mucizeleri gösterir. Böylece Ali mucizevî bir kişilik olarak karşımıza çıkar. Bu da doğal olarak Ali'nin Muhammed'ten daha çok sevildiği, daha çok saygı gördüğü kanısını doğurur. Ancak bu düşünce pek de haksız değildir. Bazı Sünni çevreler, Alevileri Ali'yi yalvaç olarak görmekle suçlarlar ki, bu suçlamanın

---

[49] Aleviliğin Toplumsal Boyutları, Prof. Dr. Fuat Bozkurt sf. 97
[50] Bütün Yönleriyle Tasavvuf Tarikatlar Mezhepler Tarihi, İ. Zeki Eyuboğlu sf. 101

nedeni de aslında Ali ile ilgili söylencelerin abartılı olmasından ve ona olan bu sevgiden kaynaklanır. Anadolu'nun birçok yerinde kayalarda ayak ve el izlerine rastlanır. Bunların bazıları da sadece ayak ve el izine benzerler. Bu çok eski kalıntılar dahi Ali'nin el ve ayak izi olarak yorumlanır. İnsanlar bir kayada bir ayak veya el izinin oluşmasının çok uzun bir zamana ihtiyaç duyduğunu dahi sorgulamadan bunlara inanırlar.

Ali için söylenen ne kadar söylence varsa diğer Alevi önderler için de söylenir. Bazı küçük değişiklerle bu söylenceler tekrarlanır. "Hz. Ali ölümünden kısa bir süre önce oğulları Hasan ile Hüseyin'i yanına çağırır, öğütlerde bulunur. Öldüğünde cenazesini alıp götürmek için yüzü peçeli birinin geleceğini, cenazesinin ona teslim edilmesini buyurur. Kısa süre sonra Hz. Ali ölür. Gerçekten yüzü peçeli bir adam gelir. Cenazeyi deveye yükleyerek alıp götürür. Hasan ile Hüseyin kuşkulanırlar.

Merakla devecinin arkasından giderler. Devecinin kimliğini öğrenmek isterler. Deveci yüzündeki peçeyi kaldırır. Cenazeyi götürenin babaları Ali olduğunu görürler."[51] Aynı söylence başka yerde Hacı Bektaşi Veli için de anlatılır. Ağızdan ağza anlatılan bu tür söylencelerin ilkin kim için söylenmiş olduğunu anlamak olanaksızdır.

Bunu bilmenin de pek gerekli olduğunu düşünmüyoruz. Halk inandığı önderlerini her zaman yüceltmek için bu türden söylencelere başvurmuş ve hâlâ vurmaktadır. Ancak anlaşılmaz ve kabul edilemez olan nokta bazı Alevi aydınların ve yazarların bu söylenceleri

---

[51] Aleviliğin Toplumsal Boyutları, Prof. Dr. Fuat Bozkurt sf. 98

düşüncelerini güçlendirmek için kaynak olarak aktarmalarıdır. Yine bazı köylü kurnazı uyanık yazarlar ise akademik unvanlarına aldırmadan ve bunun arkasına saklanarak "isteyen istediği gibi anlasın" anlayışına uygun olarak bu söylenceleri vermektedirler.

Alevi önderlerinin hayvanlarla yakın ilişkisini ele alanlar belki de en nahif söylencelerdir. Güvercin olup uçanlar, duvar yürüten erenler... Bunlardan en usa aykırı olanlardan biri de Sarı Saltuk'un tahta kılıçla ejderha başını kesmesidir: "Hacı Bektaş, Sarı Saltuk'u Rumeli'ye Müslümanlığı yaymak üzere görevlendirdiğinde beline tahta kılıç takıp yollar. Sarı Saltuk Rumeli'ye geçer. Kaligra denen yerde bir ejderha ile savaşa tutuşur. Bu tahta kılıç ile ejderhanın başını keser"[52]

Kızılbaş Alevilerde ise doğadaki birçok nesnenin de kutsallığını biliyoruz. "Kızılbaşların ağacı ve ormanı kutsadıkları üzerine elimizde sayısız örnek var. Kimileyin bir ağaç, kimileyin ormanın bir bölümü ya da tüm orman kutsal sayılır. Kutsal sayılan direkler, ağaçlar vardır."[53] Bütün bunlar da usa mantığa sığmayacak söylencelerle bezenmiş ve kutsallaştırılmışlardır. Ayrıca bazı Kızılbaş köylerinde "Erkân/Mar" denen ağaç dalları bulunur. Erzincan Kistim (Avcılar) Evliyası da böyle bir "Erkândır".

Kutsal ağaçlar olduğu gibi kutsal olmayan hatta sakınılması gereken ağaçlar da vardır. Dersimli birçok yaşlının konuşmasında tanık olduğumuz "Ceviz ağacına bizde eskiden rastlanmazdı." sözü bir gerçeğin dile getirilişidir. Dersimli Kızılbaşlar ceviz ağacı dikmezler. Var olanlar da Ermenilerden kalanlardır. Ceviz ağacı

---
[52] Aleviliğin Toplumsal Boyutları, Prof. Dr. Fuat Bozkurt sf. 96
[53] Dinlerin Kökeni ve İslam da Reform, A. Rıza Erguvan sf. 59

uğursuz sayılır. Konuyla ilgili olduğu için A. Rıza Ergüven, Dinlerin Kökeni ve İslam'da Reform adlı çalışmasında aktardığı bir anısından kısa bir bölüm aktaralım: "Anam 'Ceviz ağacının altında uyumak iyi değil.' derdi çocukluğumda."

Biz de çocukluğumuzda bu konuda bazı telkinler almıştık. Fakat halk arasında ceviz ağacının neden uğursuz olduğu konusunda elle tutulur bir bilgi de yoktur. Olması da gerekmiyor zaten. Geçmişten gelen bu inanışın nedeni unutulmuş da olsa hâlâ yaşamaktadır.

Ateşle ilgili ve ateşe hâkim olma ile ilgili söylencelerde ayrı bir öneme sahiptirler. Özellikle Kızılbaş Aleviler arasında yaygındır bu türden söylenceler. Dersim kökenli olan Gureşian Ocağı bu konuda ünlüdür: "Ocaklı dedelerin bir bölümü kızgın demir, kızgın sobayı dilleri ile yalarlar. Alevi Kızılbaş[54] dedeleri bu yeteneğin doğuştan Gureşanlı Ocağına verildiğine inanırlar.'[55]

Ateşle ilgili daha birçok söylence vardır. Ateşe giren, fırınlara kapatıldıkları halde yanmadan sapasağlam çıkan birçok Alevi büyüğü vardır. Çoğu zaman inanmayanları inandırmak için keramet göstermek zorunda kaldıklarından bu yollara başvururlar.

Bu söylenceler Alevilerce sorgulanmadan tartışmasız kabul edilir. Verdiğimiz örnekler gibi daha birçok söylenceyi buraya aktarmak da olanaklı. Ancak bunlar konuyu uzatmaktan başka bir anlama gelmez. Burada onlarca söylenceyi örnek vermenin bir anlamı da yoktur.

---

[54] Asıl metinde Kızılbaş sözcüğü yoktur. Gureşan Ocağı Dersimli bir Ocaktır Dedelerin ve taliplerin tümü Kızılbaş Zazadır.
[55] Aleviliğin Toplumsal Boyutları, Prof. Dr. Fuat Bozkurt Sf. 94

Her din bir yanıyla söylencelerle iç içedir. Bu geçmiş inançların yaşama direncidir. Eski inançlar yeni inançlar içinde bir şekilde yaşama olanağı bulur söylencelerle. Yeni inancın yan ve onu tamamlayan öğeleri gibi bir işlev görürler. Ancak Alevilikte bu yan unsur olmanın ötesine geçer. Alevi inancının yan unsurları olmasından çok onun özünü teşkil eder boyutta ve yaygınlıkta karşımıza çıkar. Alevi Dedeleri, Pirleri birçok doğaüstü güce sahiptirler. Dini önderlikleri dini bilgilerinden değil mensubu oldukları Ocaktan, aileden gelir. Bu günümüzde de böyledir. Alevi Dedeleri, yetmişli yıllarda oldukça yıpranan ve yitirilmiş etkilerini yeniden kazanmaya çalışmaktadırlar.

Alevi örgütlenmeleri ve kurulan Cem Evlerinde Dedeler Kurulu adı altında dedeler yeniden eski itibarlarıyla donatılmaya çalışılmaktadır. Bu dedeler mensubu oldukları Ocakların, ailelerin "büyüklüğü" ardına saklanarak hiçbir derinliği olmayan derme çatma bilgileriyle Alevileri yönlendirme sevdasındadırlar. Bu dedelerin Cem Evlerinde ve Aleviler arasında anlattıklarının özünü yukarıda anlattığımız söylenceler oluşturmaktadır. Son zamanlarda hepsinin elinin altında hazırda bulunan bir Kuran vardır. Arapça okuyamadıkları için Türkçe çevirisini okumaları ve kendilerinin dahi anlamadığı yorumlarla Aleviliğe İslami bir yorum katma çabaları görülemeye değer bir komedidir.

İçlerinde çok az sayıda dede, pir, kendini geliştirmiş ve Aleviliği dinsel ve sosyal boyutuyla bilir konumdadır. Bu da Aleviliğin bugün içinde bulunduğu konuma ve açmazlarına uygun düşmektedir.

127

SÜNNİLER İLE ALEVİLER ARASINDAKİ İLİŞKİ

Aleviler ile Sünniler birbirlerini neredeyse tanımazlar. Birbirlerinin inançları üzerine bilip söyledikleri, önyargılara dayanır ve asla gerçeği yansıtmaz. Genel olarak Sünniler Alevileri İslam içinde görmezler. İslam'ı kendi yaşadıkları gibi yaşamadığına bakarak bu değerlendirmeye varırlar.

Aleviliğin İslam içinde olduğunu söyleyenlerin sayıları giderek artmakla birlikte burada sözü edilen gerçek Alevilik değildir. Aleviliği Ali severlik ve Ali yanlısı olmaya indirgeyen bir anlayışla Alevilerin İslam dairesi içinde olduğunu söylemektedirler. Alevilere gelince onların kendilerini İslam'ın içinde görenleri dahi İslam'ı Sünnilerin uyguladıkları biçimiyle kabul etmez ve yaşamazlar. Buna rağmen "Gerçek İslam'ı" kendilerinin savundukları da söylenir olmaya başlandı. Böylece İslam kolay paylaşılmaz bir şey olurken her iki kesimin de dilinden düşürmediği kardeşlik sözleri havada kalarak bir yakınlaşma sağlanamamakta.

Her kesimin sıkıca sarıldığı "gerçek İslam" olma savına rağmen İslamiyet çıktığı günkü biçimi ile yaşamamakta, geçmişten bugüne birçok şeyini yitirmiş, yeni birçok unsuru bünyesinde eritmiş güne ve günün ihtiyaçlarına kendisini ustaca uyarlamış olarak yaşamaya çalışmaktadır. İslamiyet'in hiç değişmeden günümüze ulaşması bir anlamda olanaksızdı. Toplumların sürekli değişmesi, gelişmesi toplumun iç ve dış dinamiklerinin farklılaşması sonucu sürekli ileriye evrimleşmesi, üstyapı kurumlarının farklılaşmasını zorunlu kılar. Din de bundan nasibini alır ve günün koşullarına kendini belli oranlarda uydurur. Günün ihtiyaçlarına yanıt verdiği, günün yaşam biçimlerine kendini uydurabildiği oranda yaşama şansı kazanır. "Allah kimin yüreğinde ne var en iyi bilendir." diyerek İslâm'ı yasakları çiğneyenlerin geliştirdiği söylemde bu anlamda bir değer kazanır.

İslamiyet'in ortaya çıkışından çok kısa bir süre sonra yüzlerce mezhep ve tarikata bölünmesi bunun güzel bir örneğidir. Bütün bu mezhep ve tarikatlar özünde farklı bir İslam anlamına gelir. Dinsel inançlarda birliğin olması çok zordur. İslam'ın içinde de söylendiği gibi bir birliğinin olmadığını bu tarikat ve mezhepler bize göstermektedir. Dünden bugüne kadar hiçbir mezhep ve tarikatın varlığının son bulması söz konusu değilken, yenileri yerden mantar biter gibi fışkırmaktadır.

Bunların hemen hepsi kendilerini "gerçek İslam" görür, diğerlerini sapma hatta İslamiyet'in düşmanları safında gösterirler. Kendi aralarında böyle kıyasıya mücadele içinde olan Sünni tarikat ve mezhepler Alevilik söz konusu olduğunda bir birlik içinde söz birliği etmiş gibi aynı noktada buluşurlar. Hepsi bir yandan Aleviliği İslam içinde görmek ve göstermek isterken, diğer yandan da Alevilerin inanış biçimlerinden ve İslam ibadet pratikleri ve İslami değerlere uzaklıklarından dolayı sapkın ilan ederler.

Sünniler Alevilerin Kuran'a bağlı kalmadıkları, Kuran'ı tanımadıkları suçlamasını sıkça yaparlar. Ancak bütün bu sözlerin kendileri için de geçerli olup olmadığını durup bir an düşünmezler. Bugün ulu-orta konuşan birçok Sünni, Kuran'dan bihaberdir. Kuran'ın içerdiğini söyledikleri birçok şey aslında Kuran'da yer almaz. Bazen de zorlanarak varılan sonuçlar ve yapılan yorumlar Kuran'daki ayetlerle hiç ilgili değildir. Ulu-orta söylenen bu türden şeylere kanıp Kuran'ı bildiklerini sanırlar. Gerçekte ise Kuran'daki birçok emir ve yasakla çelişir bir yaşam içindedirler.

Kuran ile çelişen bir yaşam içinde olmak günümüz için neredeyse bir zorunluluktur. Çağımızın akıl ve bilim çağı olduğu düşünülürse, Kuran'ın içerdiği birçok dogmanın iyi bilinmesi halinde kabul edilmesi hepten olanaksızdır. Kuran'ın iyi bilinmemesi ve anlaşılmaması ona inanmayı kolaylaştırır. Kuran'ın Arapça olması ve Arapça okunması onu anlaşılmaz kılar. Türkçe tercümelerinin ise aslına uygun olmadığı, gerçek anlamda asla tam olarak tercüme edilemeyeceği yalanı yüzünden pek değer görmez. Kuran'da var olan bazı ayetlerin, emir ve yasakların yalın haliyle bilinmesi dahi ona inanmayı ve kutsallaştırmayı büyük ölçüde ortadan kaldırır. Bu da bir yandan Müslümanlığı ile övünüp diğer yandan ona ters düşen ve onu reddeden yaşam içinde olma biçimiyle karşımıza çıkan çelişkiyi ortadan kaldırır. Alevilerin bazı kesimleri bu nedenden dolayı olmasa da Kuran'a belli bir uzaklık içinde kalmışlardır.

Alevilerin Kuran'dan uzak, onun emir ve yasaklarını uygulamamaları, onun içerdiği akıl ve bilim dışı noktalardan kaynaklanmıyor. Bu durumun nedenlerini Alevilerin sosyal yaşamlarında aramak gerek. İslam'ı öğrendikleri kaynağın ve İslam'ı öğrenme biçiminin de bunda payı oldukça büyüktür. Bugün Alevi olarak bilinen toplulukların genellikle göçebe kökenli olduklarını biliyoruz. Göçebe kültürünün Alevi inancı içinde oldukça yaygın izlerine rastlanması da bundandır. Göçebe insanların inançlarının yaşamlarına uygun olması, uygun değilse uydurulması zorunluluktur.

İslamiyet göçebe kabileler içinde tam olarak kabul görmüş de değildir. Kabul gördüğü yerde birçok değişikliğe uğramak zorunda kalmıştır. Alevilik bunun güzel bir örneğidir. Alevilerin İslam ile buluşmasının en büyük engellerinden biri geçmiş inanışların yaşama gücüdür. Ancak bundan da önemlisi Alevilerin yaşam biçimleri ve bu yaşam biçiminin inançları ile örtüşen özelikler içermesi ve İslam ile çelişmesidir.

Aleviliğin bir bütün olmadığını kendi içinde inan ve uygulama biçimleri itibariyle farklılıklar gösterdiğini biliyoruz. İslamiyet her topluluk ve o topluluğun geçmiş kültürel ve uygarlık mirası üzerinde farklı biçimlerde şekillendiğini de biliyoruz. Alevilerin kendi içlerindeki bölünmüşlüğü, yer yer birbirlerini tutmayan inan ve uygulama farklılıkları, değişik coğrafyalarda var edilmiş uygarlık ve kültürlerden etkilendiğini göstermektedir. Aynı şekilde çok erken dönemlerde yerleşik yaşama geçen Alevilerin inançları ile yakın zamana kadar göçebe kültürünü ve yaşama biçimini belli şekillerde sürdürenlerin Alevilik anlayışlarında ve İslam ile ilişkilerinde farklılıklar olması doğaldır.

Sünnilerin her gün yineleyip durdukları suçlamalarının bir anlamı olmadığını yineleyerek devam edelim. Alevilerin Ramazan orucu tutmuyor olmaları da sürekli bir tartışma konusu olmuştur. Alevilerin bu tür konularda genelde söyledikleri tutarsız, kendilerini savunmaktan çok teslim olma tavrıdır. "Oruç da, namaz da bizim." deyip kesip atan Aleviler, kendilerinin olan bir şeyi neden uygulamadıklarını ise açıklayamazlar. Gerçek söylenenin tam tersidir. Alevi inancının baskılar altında oluşu kendini tam olarak bulmasını engellemiştir. Öte yandan İslam'ı öğreniş biçimleri ve kaynağı nedeniyle

Alevilerin İslamî bilgilerinin yeterli olması da mümkün değildir. Alevi topluluklarının İslâmî bilgileri kulaktan dolma bilgiler olduğundan bu hiçbir zaman bir bütünlüğe ulaşamamıştır. İslam'ı bilme ve kavramaktaki eksiklik eski inançların farklılaşarak da olsa yaşatılmasını kolaylaştırmıştır. İslami bilgilerin yetersizliği eski inançların yaşamasının bir koşulu ise diğer neden de eski inan ve kültürün güçlülüğünün bir göstergesi sayılmalıdır.

Değişik Alevi kesimlerin yukarda sözü edilen konulardaki tavrı farklıdır. Alevilerin bir bütün olmadığı göz önüne alındığında bu farklılığın doğal olduğunu kabul etmek gerekir. Ancak bu temel noktalarda Alevilerin Sünnilerden farklılıkları olduğu genel olarak bilinmektedir. Bu farklılıklar iki kesimin bir arada yaşamasının önünde engel değildir. Gündelik yaşam kendi gerçeğini dayattığında bu tür ayrımların pek bir önemi kalmaz. Ancak siyasal amaçları doğrultusunda siyasal iktidarların kullanmaları ve kışkırtmalarıyla iki kesimin pek de barışık olduklarını söylemek olanaklı değildir. Sosyal yaşamın gereği Alevi komşusunu tanımak durumunda olan Sünni, sözü edilen kötü Alevinin başka yerlerdeki olduğunu düşünür. Yüzlerce yıldır var olan ve sürekli yenileri üretilen yalanların mutlaka bir muhatabının olduğunu düşünür. O korkulması, yerilmesi hatta katlinin vacip olduğuna inandığı Alevinin kendinden uzak bir yerlerde var olduğuna inanır. Bu bilmediğinden korkmak, onu tanımadığından karşı olma kolaylığı verir. Bu durumun belli oranlarda tersi de doğrudur. Aleviler içinde de Sünnilerle ilgili birçok önyargı ve olumsuz söylemin olduğunu biliyoruz.

Ancak günümüzde siyasallaşmış Sünni hareketler, dinsel çevreler ise hiçbir şekilde sıradan Sünni ile aynı düzlemde değerlendirilemez. Bir hareketin kendi içine kapanması o hareketin karşıtları ile kendi arasına çizeceği sınırlarla sağlamlaştırılabilir. Siyasallaşan her hareket (bu dinsel bir hareketlilik de olsa), dost ve düşmanlarına karşı tavırlarıyla onlara karşı konumlanışıyla var olabilir. Kendi içinde olabilecek tartışmaları ve kararsızlıkları engellemenin en kolay ve güzel yolu dışarıya dönük söylemler üretmekten geçer. Böylece hem kendi içinde yaşanabilecek tartışmaları ve kararsızlıkları engeller hem de o hareketin kendi içinde dayanışmasını sağlar. "Ötekiler" olmadan kendi içinde sağlam ve güçlü olmayacağı düz mantığından yola çıkılarak her dönem ve her şart altında bir "karşıt" bulunur. Aleviler de bu karşı olunacak güç için geçmişten gelen önyargılar ile en uygun kesimi oluştururlar.

Siyasal İslami hareketlerin ve çevrelerin söylemi ve pratiği bu nedenle Sünni inançlara bağlı sıradan kişininkinden çok farklıdır, İslami hareketliliğin toplumda yarattığı tedirginlik bazı Sünni çevrelerin Alevilere bakışını da yumuşatmıştır. Bunun nedenlerinden biri bu Siyasal İslâmi hareket ve çevrelerin şeriat özlemlerinin sıradan Sünniyi de rahatsız edecek düzeye ulaşmasıdır. Diğer bir neden de ortalıkta tanıtılan ve medya da boy gösteren Aleviliktir. Sıradan bir Sünni için, tanıtıldığı ve gördükleri biçimiyle Aleviliği kabul etmek hiç de zor olmamaktadır. Kaldı ki Aleviler laikliğin ve Cumhuriyet'in koruyuculuğunu da üstlenmişlerken onlarla anlaşmak hiç de zor olmasa gerek.

İnançlar birbirlerinden ne kadar farklı olurlarsa olsunlar, siyasal iktidarlar veya iktidarlar oynayan kesimler tarafından kullanılmadıkları sürece, bu inançlara içtenlikle inanan insanların aralarında sorunların yaşanması doğal da olsa çatışma düzeyine asla varamaz. Siyasal iktidarın veya iktidara oynayan kesimlerin kışkırtmaları olmadan bir Sivas Madımak olayı asla yaşanmazdı. Genel olarak İslam'ın şiddet içerdiği kabul edilmekle beraber bu şiddetin yaşam bulması, hayata geçirilmesi içtenlikle inançlarına bağlı bir insanın uygulayacağı bir olgu değildir. İslam'ın şiddeti reddetmemesi onun kullanılmasını da kolaylaştırır. Bu kültürle yoğrulmuş birinin şiddete başvurması kolay olmakla beraber onu potansiyel şiddet yanlısı kabul etmek doğru olmaz.

Sünnilerin Aleviler hakkında çok az, sınırlı bilgileri bu iki kesim arasındaki sorunların dallanıp budaklanmasına katkıda bulunur. Aleviler kendilerini ifade edemedikleri sürece de bu "tanıma", gerçekleşme şansı bulamaz. Tarih içinde Aleviler sürekli kargışlanmış, böyle bir ortamda kendilerini ifade etme olanağı bulamamışlardır. Günümüzde de ortada boy gösteren çalışmalar konunun içinden çıkılmaz bir hal almasına neden olmaktadır. Ancak bu süreç devam ettiği oranda taşlar yerine oturacaktır. Aleviler Sünnilere benzemek kaygısından uzak; inançlarını yaşadıkları biçimiyle ve illa da bir bütünlük içinde olmak kaygısı taşımadan ifade edebilirlerse, bu iki kesim arasında yakınlaşma, benzerlikler temelinde olmasa da birbirini bilme temelinde sağlanabilir.

DERSİM ZAZA KIZILBAŞ KİMLİĞİ

Çalışmamızın diğer bölümlerinde konuya ilişkin genel düşüncelerimizi aktarmış olmamıza rağmen burada daha kapsamlı olarak Kızılbaşlık ve Kızılbaşların kimliği üzerinde duracağız. Bizce Aleviliğin içinde ve onun bir kolu olan Kızılbaşlık oldukça önemlidir.

Alevilikle ilgili çalışmalarda ne yazık ki konuya yeterince ilgi gösterilmemiş. Her nedense gözden ırak tutulmaya çalışılmıştır. Alevilikten söz eden tüm çalışmalar Aleviliği bir bütünmüş gibi göstermiş ve büyük bir kesimi de Aleviliği Bektaşiliğe indirgemiştir. Yaygın kanının aksine Alevilik yalnızca Türkiye'yle sınırlı bir inan biçimi değildir. Geniş bir coğrafyada karşımıza çıkan Alevilik, var olduğu her yerde o bölgenin geçmiş kültür ve uygarlık değerlerinden beslenen bir biçim ve anlayışa sahiptir. İran'da yaşanan Alevilik ile Anadolu'da yaşanan Alevilik birbirinden farklılıklar göstermektedir. Alevilik ülkeden ülkeye değişikler gösterdiği gibi aynı ülke içinde bir bölgeden bir diğerine de farklılıklar göstermektedir.

Aleviliğin bir bütün olduğunu düşünen ve bir sonraki adımda onu Bektaşiliğe indirgeyenler kendi kendileriyle çelişmektedir. Bu çevreler Aleviliği bir bütünmüş gibi gösterip ardından onu Bektaşiliğe indirgerlerken, Bektaşiliğin kendi içinde farklılaştığını, farklı kollara ayrıldığını çekinmeden söylemektedirler (Babayi, Çepni kolları gibi.).

Aleviliğin bir kolu olan ve her nasılsa o şeyin kendisi kabul edilen şey farklı kollara ayrılacak, ancak ait olduğu genelin bir bütünlük içinde olması gibi saçma bir sav yine de ileri sürülecektir.

Yaşadığımız coğrafyada Kızılbaş inancı Alevilik içinde en az Bektaşilik kadar önemli kollardan biridir. Bizim inancımıza göre bu kol en eski kollardan biri ve Anadolu Aleviliği denen olgunun da ilk unsurudur.

"Kızıl-baş", bu iki kelimeden oluşan Kızılbaşlık kavramı, anlamından da anlaşılacağı gibi başı kızıl olanlar, yani başlarına kızıl başlık takanlar için türetilmiştir."[56] Kızılbaş adlandırmasının, başa giyilen kızıl başlıklardan hareketle türetildiği savı genelde savunulan ve kabul gören bir anlayıştır. Bu anlayışa biz de katılıyoruz. Her sözcüğün türetilmesinde olduğu gibi burada da somuttan hareket edilmiştir. Ancak bu kızıl başlıkların kimler tarafından kullanıldığı konusunda yukarda alıntısını yaptığımız yazarla ve diğer birçok yazar ve araştırmacıyla aynı düşünceleri paylaşmıyoruz.

Aleviler oldukça geniş bir coğrafyaya yayılmalarına rağmen daha çok Dersim ve çevresindeki Alevilerin bu adla anıldığı bilinen bir gerçektir. Bundan başka, bu bölge insanları da kendilerini bu tanımlama ile ifade ederler. Tüm Türkiye'de yakın bir zamana kadar Alevilerin, Kızılbaş olarak tanındığı da bilinen bir başka gerçekliktir. Hatta bu tanımlama kısa bir süre öncesine kadar Alevilik yerine ve oldukça yaygın olarak kullanılmaktaydı.

Alevileri yakından tanımayan kesimlerin, tüm Alevi kesimlerinin genel benzerliklerinden hareketle hepsini bir görmeleri doğal karşılanacak bir durumdur. Ama her nasılsa yakın bir zamanda Alevilerin kargışlanması, yerilmesi bir yana bırakıldı. Üstüne üstlük Kızılbaş

---

[56] Rıza Algül, Aleviliğin Sosyal Mücadeledeki Yeri sf.27

tanımlaması da bir kenara atılarak Anadolu'daki bütün Alevilerin Bektaşî oldukları konusunda hemfikir olundu. Bu gelişmenin ve varılan noktanın doğal olduğuna inanmak oldukça zor görünüyor. Alevilerin kendilerini daha rahat ifade ediyor olmalarının sarhoşluğu içinde bazı gelişmeler gözlerden kaçırılıyor. Zülfikar'ı boyunlarına asmak ve her yerde göğüslerini gere gere Alevi olduklarını söylemek her şey olarak görülür oldu.

Genel olarak Alevi inançları, özel olarak da Kızılbaşlar üzerine söylenenler yaşanan gerçeklerle çelişiyor. Bu durum da sıradan inanan ve inançlarını yaşamaktan başka bir kaygısı olmayan insanların kafasını karıştırmadan edemiyor.

Kızılbaş sözcüğünün nereden çıktığı kimler oldukları konusunda da birbirini tutmayan savlar vardır. Kimilerine göre Uhud Savaşı'nda yaralanan Yalvaç Muhammed'in başının kanlar içinde kalmasından hareketle, Ali'nin ve taraftarlarının o tarihten sonra girdiği savaşlarda başlarına kızıl başlıklar takmasından geldiğini ileri sürerler. Bazıları da Şah İsmail'in, Yavuz Sultan Selim'le girdiği Çaldıran Meydan Muharebesi'nde başına kızıl başlık bağlamasından geldiğine inanmaktadırlar. Halk arasında da en yaygın kabul gören ve anlatılan bu sonuncu varsayımdır.

Bu iki varsayımın doğruluğu da tartışılır düzeydedir. Ali ve taraftarlarının başına bağladığı kızıl başlıklardan Kızılbaş tanımlamasına varıldığı sanırım en uzak ihtimallerden biridir. Böyle olduğunu varsayarsak, bugün Arap Yarımadası'nda bu adla anılan toplulukların var olması gerekirdi. Tarihte ve günümüzde böyle bir grubun Arap Yarımadası'nda varlığına hiç rastlanmamış olması, bu varsayımın bütün inandırıcılığını ortadan kaldırmaktadır.

Diğer varsayım ise Şah İsmail ve ordusunun Yavuz Sultan Selim'e karşı girdiği Çaldıran Savaşı'nda başlarına kızıl başlıklar takmasından geldiği şeklindedir. Bu sav üzerinde birçok araştırmacı hemfikirdir. Ancak Şah İsmail ve taraftarları kızıl başlıklar kullandılar ise neden kızıl başlıklar taktıkları açıklanmadan bu öngörünün doğruluğu pek anlaşılmaz. Safevi Devleti'nin kurulduğu bölge ve bölgenin eski inançlarının bunda bir payı olup olmadığı hiç sorgulanmadan bunu anlamak sanırım olanaksızdır. Bir başka söylemle bizce, Şah İsmail'in kızıl başlık seçmesi de keyfi bir seçim değildir. Bunda bölgenin eski inançları olan Zerdüştlük ve Zerdüştlük öncesi inançların bir etkisi söz konusudur.

Dersim bölgesinde var olmuş eski inançlar ve bu inançların bölge insanlarıyla yakından bir ilgisi olduğunu düşünüyoruz. Bir başka deyişle Kızılbaşlık bu bölgenin geçmişiyle yakından ilgilidir. Dersim bölgesinde geçmişte yaygın olarak Adergahlar (Ateş tapınakları) bulunduğu ve bu tapınakların görevlilerinin başlarına kızıl başlıklar giydiği bilinmektedir. Bundan başka Dersim bölgesinin giyim kuşamı da bu savın doğruluğunu bize göstermektedir. "Dersimliler "kollik" dedikleri yünden yapılma geometrik koni şeklinde bir başlık kullanır ve bunun etrafına siyah veya kırmızı ipekten "puşi" denilen sargılar sararlar."[57] Öyleyse bu bölge insanlarının eski inançları ve onların bugünkü inançları arasında bu sözcük ve inanışın bağından söz etmek yanlış olmaz.

Bu savımıza birçok çevreden itirazların geleceğini biliyoruz. Başlıca itiraz İslamiyet içinde olduğuna inanılan bir topluluğun adının da İslamiyet içinde olması gerektiği önyargısından kaynaklanmaktadır. Diğer bir

---

[57] Dr.Vet. M Nuri Dersimi, Kürdistan Tarihinde Dersim sf. 30 Zel Yayıncılık

itiraz da bu savımızla Kürtlerin ve Zazaların eski inançları olan Zerdüştlük ve Zerdüştlük öncesi bölgenin inançlarıyla bir bağ kurularak bu topluluğun etnik kimliğinin belirginleşeceği korkusudur.

Ancak belirtelim ki Kızılbaşların Zerdüştlüğü tam olarak kabul ettiği şeklindeki varsayımı da doğru bulmamaktayız. Kızılbaşların İslam'a mesafeli oluşunun bir nedeni de onların Zerdüştlüğü tam olarak kabul etmemelerinden kaynaklanmaktadır. Zerdüşt inancının yaygın olarak kabul edildiği toplulukların İslam'a fazla bir direnç göstermediklerini görmekteyiz. Bugün Şafiyi mezhebinden olan Kürtlerin önceden Zerdüşt olduklarını biliyoruz. Zerdüşt olan Kürtlerin İslam'ı kabul edişlerinde Zerdüştlük ile İslam'ın benzerliklerinin bir payı ve en azından bu geçişi kolaylaştıran özellikleri olduğunu düşünüyoruz.

Zaza Kızılbaşların inançları incelendiğinde, özellikle gündelik yaşamlarına bakıldığında, Zerdüşt öğretisi öncesi unsurlarını içerdiği hemen görülecektir. Zerdüşt öğretisi tek tanrılılığı öngörür. Aynı zamanda Zerdüşt öğretisinde Ay, Güneş, ateş gibi unsurlar yerini tek tanrı olan Ahura-Mazda'ya bırakırlar. Zerdüş'ün ilginç olan yaklaşımlarından biri de "Güneş, Ay ve yıldızlara olan tavrıdır. Anlaşılan göksel deva olan bu cisimlerden Zarathustra pek fazla söz etme cesaretinde bulunamamıştır veya onları Ahura-Mazda ile şöyle veya böyle ilişkilendirmemiştir."[58] Ancak Zaza Kızılbaşlar inançlarında hala Zerdüşt öncesi bölgenin hâkim inancı olan unsurları bugünkü inançları içinde eritmişlerdir. Bunu en net bir şekilde gelenek-göreneklerinde gözlemek olanaklıdır.

---

[58] M. Saraç Bilgin, Zarathustra (Zerduş) Hayatı ve Mazdaizim sf. 190

Zerdüştlüğün iyi bilinmemesinden dolayı Zerdüşt öncesi inançlarla Zerdüşt öğretisi birbirine karıştırılarak bu konuda birçok yanlış yapılmış ve yapılmaya devam edilmektedir. Zerdüştlüğün kutsal kitabı olan Avesta'nın ciddi bir şekilde incelemesi bu konudaki tüm karışıklığı gözler önüne sermeye yeterlidir. M. Sıraç Bilgin'in, "Zarathustra (Zerdüşt) Hayatı ve Mazdaizim" adlı çalışmasında Zerdüşt'ün öğretisini yayarken, kendisinden önceki inançlara karşı mücadele ettiğini ama bunda tam olarak başarılı olamadığını, yer yer onlardan etkilendiğini göstermiştir. Özellikle Zerdüşt'ün ölümünden sonra eski inançların birçok unsuru tekrar bu öğretinin içine girmiş ve aradaki tüm farklılığı silikleştirmiştir. Zerdüşt öncesi bölgenin eski inançları Zerdüşt öğretisini etkilemiş ve onun şekillenip bölgenin bir anlamda hâkim inancı olmasında bir rol oynamıştır. Ancak Zerdüştlük bölgenin hâkim inancı olduktan sonra, içinden çıktığı eski inançları etkilemeden de edememiştir. Zerdüştlük sadece kendinden önce var olanları değil kendinden sonra gelen dinleri de etkilemiştir.

Adlarına kitap dinleri dediğimiz Müsavilik, Hristiyanlık ve İslam'ı da etkilemiştir.

Ortalıkta dolaşan ve gelişi güzel savunulan görüşlerden biri de Kızılbaş sözcüğünün Türkçe oluşuyla ilgilidir. Sözcüğün Türkçe oluşu bu inancın insanlarının da Türk olması anlamında yorumlanmaktadır. Ama bu görüşün savunucuları da çok iyi bilmekledirler ki tarihte birçok kere topluluklar kendi adlarını kendileri vermemişlerdir. Daha çok da komşuları tarafından onlara bir ad verilmiş ve onlar da bu adı süreç içinde kabullenmişlerdir. Anadolu'ya gelen Türkler daha kendilerine Türk demezken ve Türk sözcüğü dönemin yöneticileri tarafından bir yergi olarak kullanırlarken, komşuları onlara bu adı vermişlerdi.

"Anadolu başkaldırmaları konusunda belli başlı bir kaynak olan Naima Tarihi'nde Türk halkı için "Naden Türk,[59] etrâk-i bi-idrâk (İdraksiz Türkler),[60] Türk-i bedlika (çirkin suratlı Türk),[61] çoban köpeği şeklinde bir Türk-ü sütürk idi"[62] v.b. demektedir.

Bütün Osmanlı tarihçilerinin Türklere karşı tutumu budur ama bu tutum yalnız Osmanlılara özgü de değildir. Gerçekten de, Türk halkının karşısında yer alan yalnız Osmanlılık olmamıştır. Selçuklular bile, bir süre sonra İranlıların ve Arapların etkisiyle, Türk halkını hor görmeye başlamıştır. Selçuklu yazar Aksaraylı Kerimeddin Mahmul Türk halkı için şu sözleri söylemiştir: "Hunhar Türkler, köpek ve kurt gibidirler, ellerine fırsat geçerse yağmayı ganimet bilirler, fakat düşman kuvvetli gelirse kaçarlar."[63]

Türk Devletleri olarak bildiğimiz ve "övündüğümüz" Selçuklular ve Osmanlılar döneminin tarihçilerinin Türk yorumları böyleyken yöneticilerin tavrı da farklı değildi. Ama yine bildiğimiz kadarıyla 11. yy. başlarında Batılı yönetici ve yazarlar Anadolu'ya Türkiye ve burada yaşayanlara da Türk demeye başlamışlardır.

---

[59] Naima Mustafa Efendi: Tarih-i Naima (Razvat el-Hüseyin fi hulâsat ahber el-hâfikn; Türkçeleştirerek Yyn., Zuhri Danışman, Zuhri Danışman Yyn. İstanbul C. I. 1967 sf. 169. Aktaran Çetin Yetkin, Türk Halk Hareketleri ve Devrimler, sf. 4
[60] Namâ a.g.e, C. I. Sf. 238. Aktaran Çetin Yetkin, a.g.e. sf. 4
[61] Namâ a.g.e, C. II. Sf. 536. Aktaran Çetin Yetkin, a.g.e. sf. 4
[62] Namâ a.g.e, C. III. Sf. 1180. Aktaran Çetin Yetkin, a.g.e. sf. 4
[63] Togan Zeki Velidi, Umumi Türk Tarihine Giriş, Cild I. En Eski Devirlerden 16. Asra Kadar, 2. Baskı, İ.Ü. Ed. F. Yyn., İstanbul 1970, s. 215'de. Aktaran: Çetin Yetkin a.g.e. sf. 4

Öyleyse bir topluluğun adının hangi dilde olduğu, o adın kimlerce verildiği, o topluluğun etnik kimliğini belirlemek için yeterli bir veri oluşturmaz.

Bu gerçek Zaza Kızılbaşlar için de geçerlidir. Alevilerin genel olarak Yalvaç Muhammed ve damadı, yeğeni Ali ve tüm takipçilerine karşı özel bir sevgi saygıları vardır. Kızılbaşların da bu sevgi ve saygıyı gösterdikleri bilinir. Ancak bu sevgi ve saygının "Ali'nin cesaret ve cömertliği göz önüne alınırsa herhangi bir cesur şahsa gösterilen sevgi gibi ondan çok büyük sevgi gösterilse de bu onay ve saygı özel bir durumdan öteye geçmediği sezilir".[64] Bunun başlıca nedenleri İslam'ı kavrama ve bilmeleriyle ilgilidir. Dersim Kızılbaşlarının Ali ve ailesi konusundaki bilgileri de çok eksik ve genelde kulaktan dolmadır. Ali'nin camide öldürülmüş olmasını namaz kılmamaları için bahane etmeleri de bunu gösteren etkendir. Oysa Ali camide namaz kılar, hatta halife olarak cemaate namaz da kıldırırdı. Camide öldürülmüş olması da bunu göstermekte. Ali'nin ölümünden sonra oğulları Hasan ve Hüseyin de namaz kılmaya devam etmişlerdir. Hasan kısa bir süre halife olarak cemaate namaz da kıldırmıştır. Kızılbaşların Ali ve ailesi ile ilişkileri daha çok dışarıdan gelen eleştirileri göğüslemek için bir kalkan gibi kullandıkları izlenimi verir. Böylece İslam'a inandıklarını ancak farklılıklarının Ali'ye inanmaktan geldiğini ileri sürmüş olurlar.

Dersim'in her yerinde insanın karşısına çıkan kutsal yer ve yatırlar Muhammed, Ali ve ailesinden daha önde gelir bunlara olan inanç günlük yaşamda daha etkindir.

---

[64] Kürdistan Tarihinde Dersim , M. Nuri Dersimi sf. 22

"Biz, Dersim'deki kutsal yer ve yatırları şimdiye kadar hiç kimsenin sayamadığını hemen söylemek istiyoruz. Kolay bir iş de değil bu. Acaba Dersim'de kutsal yer ve yatırın olmadığı bir tek köy var mıdır? Üstünde kutsal yer ve yatırın olmadığı bir Dersim dağı var mıdır? Dersim'in kaç gölü, kaç kaynağı kutsal değildir?"[65]

Dersim, tarihin hiçbir döneminde bölgeye hâkim hiçbir gücün tam olarak egemenliği altına girmiş değildir.

Bu durum 1938 yılına kadar da böyle sürer. Dersim'i çepeçevre çevreleyen dağlar doğal bir kale gibi dışarıdan gelen her tehlikeye karşı korunma olanağı vermiştir.

Arapların yayılması ve İslam'ın doğuya ve kuzeye açılması 633 yılında başlayıp 636 yılında biten Suriye'nin Fethi ile başlar. Bunu Irak'ın ve İran'ın Fethi izler (651). "Küçük Asya'daki yayılış daha zor olur ve fetihlerin hızını keser."[66] "669'da Dersim bölgesi Rumlardan (Bizans) Arapların idaresi altına geçmişti. Dersim Kürtleri (Zaza), Araplara karşı direnmiş ve İslamiyet'i kabul etmeyerek Zerdüşt dinini korumaya devam etmiş oldukları için, Arapların idaresi Dersim bölgesine nüfuz edemeyerek yalnız Kürdistan'ın diğer bölgeleri İslamiyet'i zorla kabule mecbur olmuşlardır."[67]

Dersim Kızılbaşları, Şafiyi Kürtler ve bazen de Türkler için "kılıç Müslüman'ı", "kılıçla döndüler" derler. Bu söz ilk bakışta kendilerinin "gerçek Müslüman" olduklarını anlatmak için kullanılır gibidir. Aslında ise bir tarihe kadar ortak veya yakın inançlardan Arap baskısından dolayı vazgeçmiş olmalarına bir yergidir.

---

[65] "Yitiqatê Dêrsimi de DUZGIN" adlı yazının Türkçesi Dersim İnancı'nda DUZGIN, Dersim Dergisi
[66] Yüzyılların Gerçeği ve Mirası, Server Tanilli sf.124
[67] Kürdistan Tarihinde Dersim , M. Nuri Dersimi sf. 22

Bu tarihlerden (669) başlayarak Kürtler ile Zazalar farklı inanışlar içinde yan yana ancak daha çok da birbirlerine karşı yaşamışlardır. Her iki halk farklı inançların etkisi altında tarih içinde farklı kültürler oluşturmuştur. Dilde de var olan farklılık iletişimin giderek kopmasına neden olmuş ve ayrılığı derinleştirmiştir. Dersimliler kendilerini Kürt olarak tanımlamaktan özenle kaçınırlar. Zazaca "Ma Kırmanci" (Biz Kırmanci) derler. Hatta yeri gelmişken söyleyelim, Zaza tanımlamasını da Şafiyi Zazalardan dolayı pek kabul etmezler. Aynı dili konuşmalarına rağmen bu ayrımı yapmaları dahi dinin etkisini ve farklılaşmada ne kadar belirleyici olduğunu gösterir.

Kaldı ki tespitlerimize göre Kürtler ile Dersim Kızılbaş Zazaları arasındaki farklılaşma, Zerdüştlüğün gelişmesi ve bölgenin hâkim inancı olmasıyla olmuştur. Dersimli Kızılbaş Zazalar Zerdüştlüğü dahi pek kabul etmezlerken, Kürtler Zerdüşt inançlarına bağlanmışlardır. Bütün bu farklılıklar süreç içinde İslamiyet'le derinleşmiştir. Osmanlılar döneminde, Osmanlıların Safevi Devleti'yle girdiği savaşlarda Kürtler ile Kızılbaş Zazalar hep karşı saflarda yer almışlardır. Cumhuriyet dönemindeki isyanlarda da bunu görüyoruz. Şeyh Said ayaklanması öncesinde Dersim Kızılbaşlarından yardım almak istemiş aynı dili konuşmasına rağmen eli boş dönmüştür. Daha sonra Dersim isyanına da Şafiyi Kürtler destek vermemiş hatta bastırmada elerinden geleni yapmaktan geri durmamışlardır.

Uzun bir tarih dilimi içinde farklı tarihleri yaşamış, farklı kültür ve ruhsal şekillenmeyi oluşturmuş Kürtler ve Zazaları bir kabul etmek zordur. Zazaları Kürt,

Zazacayı da Kürtçenin bir diyalekti kabul etmek bu gerçeklerin ışığında doğru olmaz. En önemlisi de Dersimli Kızılbaş Zazalar kendilerini Kürt kabul etmezler. "Dersim, Bingöl, Elazığ, Malatya, Sivas ve Erzincan'da bu dili konuşan Aleviler (Kızılbaşlar) kendilerine Zaza demiyor. "Kırmanc" diyorlar. Dillerine ise Kırmanciki, yer yer de Dımli (Dimili) demektedirler"[68] "Bu dili konuşan Aleviler (Kızılbaşlar) Zaza terimini aynı dili konuşan Sünni inançlı halk için kullanmakta, sorulacak olduğunda Palu ve Diyarbakır'ı göstermektedirler.

Kendilerine Zaza, dillerine Zazaca diyenler sadece Sünni inançta olanlardır. Aynı şekilde, kendilerine Kırmanc, dillerine Kırmancki veya Dımli (Dimili) diyenler ise yalnızca Alevilerdir"[69]

Aynı dili konuşan ve aynı kökenden gelen Zazaların bu farklılaşmalarında din belirleyici etkendir. Bu gerçek bize Zazaların Kürt, Zazacanın da Kürtçenin bir diyalekti olduğu savının hepten anlamsız olduğunu göstermektedir.

Bir başka sav da Zazaların Türk olduklarıdır. Artık pek savunulmayan bu görüş hâlâ halk arasında etkisini sürdürmektedir. Bu etkinin sürmesindeki en büyük etken Dersimlilerin öteden beri Horasan'dan geldiklerini söylemelerinden kaynaklanır. Ataları Horasan'dan gelen ve bunu kuşaktan kuşağa söyleyerek aktaran Dersimliler, doğudan Horasan üzerinden Küçük Asya'ya gelenlerin sadece Türkler olduğunu okumuş olmalarından kaynaklanan bir yanılsama içindedirler.

"Kürt aşiretleri beraberlerinde seyit halifeler mevcut olduğu halde Horasan'dan göç ederek Dersim'e

---
[68] Dersim ve Dersimli, Seyfi Cengiz sf. 7
[69] a.g.e sf. 7

gelmişlerdi. MS 1300 tarihinde Dersim'e gelen bu aşiretlerden başlıcaları: Şeyh Hasanan, Kureyşan, Hormekan, İzolan, Sadyan, Karsanan, Millan ve Bomauran Kürt kabileleri olup, baştaki halifeleri Kureyş ve Bomasor idiler. Bu aşiretler Horasan'dan Dersim'e geldiklerinde, tamamen Zaza diliyle konuşuyorlardı. Bu sebeple Dersim'de diğer aşiretlere nazaran, bugüne kadar Kureyşan ve Bomasoran seyitleri Alevilik Gülbengini akıcı bir üslupla ve pek eski Zaza diliyle konuşurlar ve asla Türkçe konuşmazlar."[70] Kendi tarihlerini bilmeyen tüm halklar gibi Dersimliler de kendi geçmişleri üzerine pek bilgi sahibi değillerdir. Yıllarca Türk daha sonra Kürt oldukları üzerine yapılan propagandaların etkisi altında sürekli bir kimlik sorunu yaşamış olmaları Dersimlilerin en büyük sorunlarından birini oluşturmaktadır.

Dilleri, etnik kimlikleri ve inançları üzerine her kesimden farklı bir düşüncenin ortaya atılması, Dersimlileri şaşırtmanın ötesinde etkilemiştir. Son zamanlarda dilleri ve etnik kimlikleri üzerine yapılan sınırlı çalışmalar çok yaygın bilinmese de bir gelişme olarak anılmaya değer. Bu çalışmalar arttıkça ve tartışmalar derinleştikçe bu konularda bir netliğin oluşacağına inanıyoruz.

---

[70] Kürdistan Tarihinde Dersim, M. Nuri Dersimi sf. 23

ZERDÜŞT ÖĞRETİSİ ÖNCESİ VE ZERDÜŞT ÖĞRETİSİNİN ALEVİLİĞE ETKİSİ

Erzincan il sınırları içinde bulunan Ağır Göl, bu bölgedeki Alevi Kızılbaşlar için kutsal kabul edilir. Yılın belli bir zamanında bu gölü ziyaret eden bölge Alevileri, göle adaklar adar, kurbanlar keser, hastalar suyunda yıkanarak iyileşmeyi umut ederler. Ağır Göl'ün güzel de bir öyküsü vardır. Söylenceye göre yoksul bir köylü, yaşlı ve işe yaramaz atıyla gölün yanından geçerken dinlenmek amacıyla mola verir. Atını bir ağaca bağlayan köylü ağaç gölgesinde uyumaya çekilir. Tam bu sırada gölden beyaz bir aygır çıkıp atıyla çiftleşir ve tekrar gölün sularına dalarak kaybolur. Köylü hayretler içinde oradan ayrılır. Ardından köylünün atı bir zaman sonra çok güzel bir tay dünyaya getirir. Tayın güzelliği herkesi şaşırtır ve dillere destan olur. Bu tayın sırrını öğrenmek isterler ama bir türlü öğrenemezler. Köylü ertesi yıl tekrar aynı gün göle gider ve bir önceki yıl olduğu gibi atını bir ağaca bağlayarak dinlenmeye çekilir. Az sonra gölden aynı yağız aygır çıkar gelir. Ancak bu sefer köylünün atıyla çiftleşmek yerine atın yanında duran tayı da beraberinde alır ve gölün sularında kaybolup gider.

Bu söylence yöre halkı tarafından hâlâ anlatılır. Yöre halkı bu söylenceyi anlatırken süslemekten de geri durmaz. Vurgu yapılan noktalardan en önemlisi köylünün taya sahip olmadan önce mütevazı, kendi halinde ve iyi bir insan olmasıdır. Ancak köylü dillere destan olan taya sahip olduktan sonra değişir, kendisine verilenle yetinmeyen hırslı ve açgözlü bir insan olur.

Bundan dolayı da ikinci sene tekrar aynı yere gider ve yeni bir tay sahibi olmayı ister. Köylü bu değişiminin bir sonucu olarak cezalandırılır.

Bu söylencenin tek başına bir anlamı olmadığını ve bilinen Alevilikle bir ilişkisi olmadığını görmek zor değil. Ancak bu söylencenin benzerlik gösterdiği bir başka söylence var. Bu yanıyla ilginç olan söylence diğer yandan da Kızılbaş Alevilerin inançlarının ögelerini göstermesi bakımından anlamlıdır. İslamiyet'le yakından uzaktan bir bağ kurulması olanaksızdır. Böyle onlarca olgu sıralamak mümkündür.

Biz şimdi bir başka mitolojik söylenceyi aktararak iki söylence arasındaki benzerliği gözler önüne sererek devam edelim:

"Vata «Harahvati Aredvi Sure»; yani "Sulara hükmeden bir tanrıyı ifade eder." Vata'nın Sanskrit karşılığı "Saavati"dir. Harahvati, dünyayı çevreleyen Vırukuşa denizinden çıkıp, dünyanın merkezindeki yüce bir dağdan vadilere fışkıran mitsel bir nehirdir. Bu denizden her ülkeye su taşıyan başka nehirler de kaynaklarını alırlardı. Bulutların her yıl denizden yağmur bulutları alması, Aryanlar'ın İştrya adını verdiği Sirrus yıldızının işiydi. Mitolojiye göre gökyüzünün bu en parlak yıldızı, her yıl beyaz ve çok güzel bir aygır kılığına girerek Vourukaşa'nın kıyısına iner, fakat burada onu, kılsız siyah ve çok çirkin başka bir aygırın kılığına girmiş olan yer ifriti Apaşa karşılardı. İkisi, yani iyi ve kötü burada kıyasıya bir mücadeleye tutuşurlardı. Eğer geçmiş bir yıl boyunca insanlar Tiştrya'ya yeteri kadar tapınmış, ona kurbanlar sunmuşlarsa o güçlenir ve kötü ifriti; Apaşa'yı yenerdi. Ama aksine bu tapınmalar ve kurbanlar savsaklanmışsa iyi ruh yenilir, kuraklık olurdu.

149

Tiştrya'nın galip geldiği zamanlar dünyanın yedi iklim bölgesinde bereketli yağmurlar yağardı."[71] Uzun olan bu aktarmaları okuru sıkması pahasına buraya almak zorunda kaldık. Çünkü biri bugün hâlâ sürdürülen ve Kızılbaşların inançları içinde kabul gören bir söylence, diğeri ise binlerce yıl gerilerden gelen bir inancın söylencesidir.

Her iki söylence arasındaki benzerlik ilk bakışta hemen görülmektedir. Aradaki farklılıklar da zaman içinde oluşmuş farklılıklardır. Geçmiş inançların ve söylencelerin günümüze kadar hiç değişmeden ulaşabilmesi zaten olanaksız bir olgudur. İnsanlar geçmiş inançlarını, günün koşullarına ve o an inandıkları ve güne damgasını vuran inançları içine aktarırken ve onun içinde eritip harmanlarken, onu bire bir yaşatmak gibi bir kaygıları olamaz. O inançlar geçmişte sahip oldukları güçleri oranında bir değişikliğe uğrarlar ve böylece yeni inançlar içinde yaşamaya devam ederler. Bu bir anlamda geçmişin yaşama direnci olarak da tanımlanabilir.

M. Sıraç Bilgin'den alıntı yaptığımız söylencenin bir başka Alevi Kızılbaş inancıyla da benzerlikler gösterdiğini söylemeden geçemeyeceğiz. Bu da 5 Mayıs'ı 6 Mayıs'a bağlayan Hızır-İlyas günü ile olan benzerliğidir.

Bunu da Yaşar Kemal'in kaleminden aktaralım: "Bu gece denizlerin ermişi İlyas'la karaların ermişi Hızır buluşacaklar. Hızır'la İlyas'ın buluştuğu an, biri mağripten, biri maşrıktan iki yıldız doğar, yıldızlar kayarak Hızır'la İlyas'ın buluştuğu yerin üstüne gelirler, tam Hızır'la İlyas birbirinin elini tutarken onlar da birleşirler, tek bir yıldız olurlar. Hızırla İlyas'ın üzerine

---

[71] Zarathustra (Zerduş) Hayatı ve Mazdaizim, M. Sıraç Bilgin, sf. 28-29

ışık olup sağrılırlar. Hızır'la İlyas'ın el ele tutuştuğu, yıldızların gökte birleştiği an dünyada her şey durur, akarsular kırp diye oldukları yerde donmuşçasına durur kalırlar, yeller esmez, denizler dalgalanmaz, yapraklar kıpırdamaz, damarlardaki kan akmaz, kuşlar uçmaz, arıların kanatları titremez. Her şey durur, hiçbir şey kıpırdamaz. Yıldızlar akmaz, ışıklar yürümez. Dünya bir an için ölür. Sonra her şey birden uyanır, dehşet bir yaşam patlar."[72]

Hızır'la İlyas'ın buluşacağı bu gece öncesinden Kızılbaşların adına "Hızır Orucu" dedikleri üç günlük bir oruç tutulur. Kızılbaş inançları içinde oldukça ayrıcalıklı bir yeri olan Hızır'la İlyas'ın buluşması inancın temellerinden sayılır. Yine yaygın inanışa göre insanlar inanışlarında samimi kalmışlar ve Tanrı'ya yeteri kadar dualar ve andaçlar sunmuşlarsa bunun karşılığında Hızır tarafından ödüllendirilirler. Bu gece subaşlarına gidilir, dualarla Hızır'dan bolluk ve bereket dilenir. Evlerdeki tüm yiyeceklerin üzeri açılır. Hızır'ın gelip elini değeceği yiyeceklere ve gelip uğrayacağı hanelere bolluk bereket geleceğine inanılır. Genç kızlar ve oğlanlar bu gece sevdiklerini rüyalarında görürlerse her şeyin gönüllerince olacağına inanırlar. Kimin ne isteği varsa bu gece dile getirilir ve Hızır'dan bu dileğin gerçekleşmesi için yardım istenir. Çocukluğumuzdan kalan anılar içinde hatırladığımız kadarıyla ev isteyenler çakıl taşlarından bir ev şekli yapıp dileklerini Hızır'a bildirirler. Burada altını çizemeden geçemeyeceğimiz nokta: ne Hızır'la İlyas'ın buluşmasını ne de insanların Hızır'dan beklentilerini İslâm içinde kalarak açıklamanın olanağının olmadığıdır. Hızır'la İlyas olayının kendisini

---
[72] Yaşar Kemal Binboğalar Efsanesi. sf. 15-16

ve insanların beklentilerini, İslâm içinde kalarak açıklamamızı sağlayacak herhangi bir kanıt bulmak olanaksızdır. Ancak bütün bu uygulamalar ve anlatılanlar bölge insanlarının yukarıda andığımız Zerdüşt öncesi inançları ve söylenceleriyle büyük benzerlikler içermektedir.

Aleviliğin temel felsefesini yansıttığı söylenen "Eline, beline, diline sahip olma" anlayışı aşağıda göstereceğimiz gibi Zerdüşt inancının da temel anlayışlarından biridir. "Bizim dinimizde yemeden bir gün geçirmek günahtır. Bizim için oruç; gözle, dille, kulakla, elle, ayakla işlenen günahlardan uzak durmaktır."[73] Dr. M. Medyalı'nın "Antik Kürdistan'da Dinsel Yapılanma, Zerdüşt ve Öğretisi adlı çalışmasında yer verdiği Zerdüşt öğretisinin derlendiği ve kutsal kabul edilen kitabı olan Avesta'dan yaptığı yukarıdaki aktarma Alevi inançlarının özü ile bir benzerlik göstermekte ve "eline, beline, diline sahip olma" anlayışı yanı sıra oruç konusunda Alevilerin tutumlarını da aydınlatmaktadır.

Aleviliğin özellikle de Alevi Kızılbaş inancının kaynakları arasında olan Zerdüşt inancı elbette tek ve öncelikli kaynak değildir. Bu konuda farklı düşünceler ileri sürülmüştür. Yazar ve araştırmacıların politik tercihleri ve savundukları ideolojiler itibarıyla farklı kaynakları öne çıkardıklarını belirtip devam edelim. Yapılan çalışmalara yol gösteren kaygılar ne olursa olsun ileri sürülen tüm savların belli oranlarda doğru olduklarını teslim etmek gerekir. Aleviliğe kaynak olan eski inanç ve kültürlerin hangileri olduğu yaşayan Alevilik açısından pek bir değer taşımaz. Önemli olan Aleviliğin özgün olduğunu kavramak ve bu inanca

---

[73] Antik Kürdistanda Dinsel Yapılanma Zerdüşt ve Öğretisi, Dr. A Medyalı sf 30 (Sed Dar, lxxxiii)

mensup insanları bir yerlere mal etmeden anlamaya çalışmaktır. Belli bir düşünceye sahip insanların objektif olmaları oldukça zordur. Aleviliğin kaynakları konusunda olan da budur. Alevi düşünce ve inançları da her düşünce ve inanç gibi kendisinden önce var edilmiş düşünce, inanç ve kültürlerden etkilenmiştir. Değişik zamanlarda değişik düşüncelerin etkisi altında kaldığı da söz konusudur. Aleviliği etkileyen kaynağı bire indirmek, diğerlerini yadsımak sanırım Aleviliğe yapılacak bir haksızlıktır. Onun zenginliğini gözlerden uzak tutmak anlamına da gelebilecek bu yaklaşım hiçbir nedenle kabul edilemez. Aleviliğin bir kaynaktan etkilendiğini söylemek, onu bir bütünmüş gibi sunmak Aleviliğe hizmet etmekten uzak bir anlayıştır. Bu tür yaklaşımlar Aleviliğe sadece zarar vermekten başka bir işe yaramazlar. Bizim yaşadığımız ve gözlemlediğimiz bazı noktalar Aleviliğe, özellikle Kızılbaşlara, Zerdüşt öncesi bölgenin inançlarından olan birçok inanış biçimi biraz değişerek geçmiştir. Kızılbaşların güneşe olan yaklaşımları bu alandaki en güzel örneklerden biridir. Hâlâ Dersim bölgesi insanları sabah güneşine dualar eder ve güneşin ilk ışıklarının vurduğu duvarı öperler. Dolunayın Fatma Ana'nın yüzüne benzetilmesi de bir başka ilginç yandır. Zerdüşt öğretisi öncesi bölge inanışlarına göre güneşin yeryüzündeki temsilcisi olan ateş de belli bir kutsallık içermektedir. Ocaktaki ateşin söndürülmemesine dikkat edilir. Ateşe su dökülmez, ateş ile ilgili dua ve beddualar, Kızılbaşlar arasındaki en ağır dua ve beddualarıı oluşturur. "Ateşin kararsın" şeklinde tercüme edilebilecek "Adırı du sahe biyo" bedduası edilebilecek en ağır beddualardan biridir. Kızılbaş Alevilerde ateş hâlâ kutsallığını korur. Bu bağlamda ocaklarda kullanılan, üzerine kazan, ekmek yapmak için sac konan sacayağı, üç ayaklıdır. Bu sacayağının ortalıkta bırakılması, gelişigüzel bir yere konması, hele hele ayakları havada olacak şekilde yere bırakılması uğursuzluk kabul edilir ve bundan özenle kaçınılır. Bu sacayağının neden üçayaklı olduğu (bunun dört ve daha fazla ayaklısına biz hiç rastlamadık) düşünülmeye değer. Bu sacayağının kutsala yakın değerinin üç sayısıyla bir ilişkisi olduğunu düşünmek sanırım yanlış olmaz. Alevilerdeki Allah, Muhammed, Ali üçlemesinin kaynağı hakkında da bize bir düşünce vermektedir.

Üçle ilgili inanışlar bölgede oldukça yaygındır. "Eski Aryanlar urvanın, yani ruhun ölmezliğine inanırlardı. Ölümden sonra yeni bir hayat başlardı. Fakat urvan ayrıldığı cesedi üç gün terk etmezdi ki bu üç gün onların ahiretle ilgili inançlarına bakılırsa çok önemli bir süredir."[74]

Yine üçlü inanışa örnek olabilecek bir başka olay da Zerdüşt'ün doğumunu anlatan söylencedir. "Zerathustracılar'un inançlarına göre peygamberlerinin doğumunda üç mucize gerçekleşmiştir. Bunlardan birincisi; dünyanın kuruluşu daha henüz tamamlanmadan, yani iyi ile kötü birbirinden ayrı olarak yaşarken ve Ahura Mazda sadece parlak ışıkların bulunduğu makamındayken, oradan çıkan şeref dolu ilahi ışıltıdır. Bu ışıltının halesi, daha sonra büyük insanı doğuracak olan Dughdova'ya ulaşmıştı. Bu ışıltı doğuma kadar Dughdova'nın başında bir hale gibi duracaktı. İkinci mucize element, koruyucu ruh idi, ki Vohu Menah tarafından gökyüzünden taşınarak yere indirilmiş ve bir

---

[74] Zarathustra (Zerduş) Hayatı ve Mazdaizim, M. Sıraç Bilgin, sf. 33

adam boyundaki bir Homa çalısının içine konmuştu. Bu bitki yavruları daima yılan tarafından yenmekte olan bir kuşun yuvasının içinde boy vermiş ve bundan böyle kuşun yavrularını yılandan korumuştu. Homanın içindeki koruyucu ruh Pouyuşasapa, Dughdova ile evlendikten sonra baş melek tarafından bu çalıdan geri alındı. Bu kutsanmış çalı, daha sonra Pouruşasapa'ya malum olan iki melek tarafından Dughdova'ya iletilmesi amacıyla bir asa şeklinde verildi. Dughdova bu asayı doğuma kadar yanından ayırmayacaktı. Bu koruyucu ruh, Dughdova'nın kutsal bebeğini şeytani güçlerin saldırısından koruyacaktı. Üçüncü mucizevî element, büyük insanın maddi özü idi. Sütün elementlerinden oluşan bu öz, su ve bitkiler vasıtasıyla veya baş melekler Xurdar ve Murdat vasıtasıyla peygamberlerin ebeveynlerine intikal etti.

Tüm bu mucizevî üçlü, yani: ilahi şeref, koruyucu ruh ve maddi öz bir bütünlük oluşturdu ve peygamberleri şeytani güçlerden koruyarak dünyaya gelememesini sağladı."[75] Bu uzun aktarmaların üçlü inançlara örnek olmasından başka, şimdi sözünü edeceğimiz olgular için de gerekiyordu. Yoksa okuru sıkmak gibi bir niyetimiz elbette ki yoktu.

Bizim yaşadığımız ve gözlemlediğimiz bazı gerçeklere geçmeden Dersim'de çok yaygın olarak kullanılan bir özdeyişi buraya aktarmak istiyoruz. Dersimliler "Uçan kuş dahi korunmak için varıp bir çalıya sığınır'" derler. Bu özdeyişin kendisi yukarıya aldığımız alıntıdaki olayın özlü anlatımından başka bir şey değildir.

---

[75] Zarathustra (Zerduş) Hayatı ve Mazdaizim, M. Sıraç Bilgin, sf. 46

Buradan hemen Alevi Kızılbaş dedelerinin elinde taşıdıkları asanın, Pouruşasapa'ya malum olan iki melek tarafından 'Dughdova'ya iletilmesi amacıyla kutsanmış çalı Homa'nın asa şeklinde verilmesinden başka bir şey olmadığını düşünüyoruz. Eskiden tanık olduğumuz bir olay da Kızılbaş dedelerinin şilan (Kızılcık) çalılığından yaptıkları bir çember içinden çocukları geçirmeleridir. Böylece onları başlarına gelebilecek kötülüklerden hastalık ve kazalardan korumaya çalışılırdı. Mitolojik Homa çalılığının bu çalılık olup olmayacağı konusunda elimizde hiçbir veri yok ama bu benzerliklerin yine de şaşırtıcı olduğunu hemen söylemek gerekir.

Her Kızılbaş köyünde kutsal olan bir çalılığın olduğu bunun da genelde şilan olduğunu biliyoruz. Kızılbaşlar bu çalılıklara işenmesini, pislik atılmasını iyi karşılamazlar. Rahatsız olan çocuklar için ip bağlayan dedelerin çocukların rahatsızlıklarını çoğu zaman çalılığa işediğine yorduklarına tanık olduk.

Homa hâlâ Dersim Kızılbaşları arasında bir tanrı olarak anlam farklılığı geçirmiş olsa da bugün bile yaşatılmaktadır. "Kürtçe'nin Zazaki lehçesinde "Allah" yerine kullanılıyor. Halk hâlâ "Homa seni korusun" (Homa twy pawu) "Homa bilir" (Homa zono) "Homa büyüktür" (Homa pilo), "Homa seni alsın" (Homa twi bigyor) gibi"[76] söylemlerle yaşatmaya devam ediyor.

Havayı temsil eden rüzgâr tanrısı Vayu olarak adlandırılırdı ki bugün Zazacada aynı şekliyle hâlâ mevcuttur. Tanrısallığı pek kalmamakla birlikte Kızılbaşlar arasında hâlâ saygın bir yeri vardır. Harmanda samanla taneleri ayırmak için de olsa onun

---

[76] Proto-Kürt Bir Peygamber Zerdüşt, M. Sıraç Bilgin sf. 26

gücüne gereksinim duyarlar. Ancak geçmişteki gücü sanırız bununla sınırlı değildi.

Suların tanrısı Tistry. "Batı ve Bilim dünyası bu yıldızı Sirius olarak tanır. O Grekler'in "Köpek Yıldızı", Mısırlılar'ın "îsis'in Ruhu" dedikleri yıldızdır. Zaza Kürtleri "Astare Payyzi"der[77] ve çok saygı gösterirler". Suların Alevi Kızılbaş inançlarında etkin bir yeri olduğunu söylemeye dahi gerek yok. Bunu zaten çalışmamızın içinde verdik (5 Mayısı 6 Mayısa bağlayan gece Hızır ila İlyas'ın buluşmasını anımsayın.).

Bütün bu ve buna benzer birçok benzerlik bize Kızılbaşların Zerdüşt'ten, daha çok Zerdüşt öncesi bölgenin hâkim inanışlarından etkilendiğini ve bu etkiyi bir şekilde bugünkü inançları içinde erittiklerini göstermektedir.

---

[77] Proto-Kürt Bir Peygamber Zerduşt, M. Sıraç Bilgin sf. 26

ALEVİLER VE LAİKLİK

Yükselen İslamcı hareketler karşısında tutunmakta zorlanan Kemalist kesimlerin geliştirdiği Alevilerin laik olduğu söylemi Aleviler arasında yankısını bulmuştur.. Oysa Dinler/İnançlar üzerine çok şey söylenebilir ama laik olduğu veya olabileceği asla söylenemez. Aleviler ve Alevilik bağlamında konuya geri dönecek olursak; Alevilerin laiklikten yana olduğundan söz edilebilir ama Aleviliğin laik bir inanç olduğu söylenemez. Alevilerin Atatürkçülüğü ve laikliği üzerine edilen her söz, siyasal idolojik bir hedef gözetmek dışında bir anlam taşımıyor.

Bu Alevilerin devlete kazanılması çabalarına hizmet eden içi boş bir gayrettin sonucudur. Alevilerin bu propagandaya ve yalanlara kanmaları ise işin talihsiz yanını oluşturmaktadır.

Bir yandan Osmanlı İmparatorluğu ve daha sonra tüm Cumhuriyet tarihi boyunca Alevilerin ezilmişliğinden, kargışlanmışlığından söz edilirken, diğer yandan Alevilerin Atatürkçü ve laik olduklarını ispatlamaya çalışmak, kendi içinde bir çelişkiyi ifade eder. Birçok kişinin Türkiye insanının belleğinin zayıf olduğundan söz ettiğini biliyoruz. Buna bir ölçüde katılmak da olanaklı. İnsanlarımızın kendilerine yabancılaştırıldığı, kendi sorunları konusunda duyarsız, edilgen hale getirilmiş olduğu bizim de tespitlerimiz arasındadır. Ancak birbirini takip eden sayfalarda dile getirilen bu çelişkiler belleklerin zayıf oluşundan öte, insanlarımızın aptal yerine konması anlamını içermektedir. Sünni gericiliğin ve anti-laik eğilimlerin gelişmesinde payı olanların kendileri ortaya çıkıp bu çevrelere karşı mücadele edecekleri yerde, Alevileri ileri sürmektedirler.

Türkiye'de kendilerini ifade etme olanakları bile bulamayan Aleviler, birden bire Türkiye'nin kurtarıcıları olarak lanse edilmeye başlandı. Dün Alevilerin kendi dinsel kimlikleriyle ortaya çıkmalarından en büyük rahatsızlığı duyanlarla, bugün onlara laiklik ve Atatürkçülük misyonunu yükleyen kişiler veya kurumlar aynı. Bu durum Alevilerin büyük bir oyunun küçük piyonları olarak kullanılmak istendiğini göstermektedir. "Üç "K" harfinin (Kızılbaş, Kürt, Komünist) devletin birliğini tehdit eden ve tutuklanması veya dışlanması gereken unsurlar olarak kabul edildiği bir toplumda, Tuncelililer bu ÜÇ-K'den üçü ile de bağlantılı görülür, doğduğu yer itibarıyla iş ve okul konusunda türlü zorluklarla karşılaşırlar."[78] Bu satırların yazarı tarafsız bir araştırmacı olarak bütün gerçeği gözler önüne sermektedir. Yukarıdaki satırlarda sözü edilen zorluklar tarih boyunca Alevi Kızılbaşların yaşadıkları yanında hiç kalır. Ancak biz bir yabancı Antropologdan daha fazlasını beklemeye hakkımız olmadığını düşünüyoruz. Bu görev Türkiye aydınlarının ve özellikle de Alevi aydınların işi olmalıdır. Geçmişin yaralarının deşilmesi, birikmiş tüm cerahatin boşaltılması sonucu yarınlar konusunda önümüz açık olabilir. Yaşanmış acı olayları yok sayarak gerçeklerin üzerinden atlayarak bir yere varmamız söz konusu olamaz.

---

[78] Peter J Bumke; International Rewıw of Ethnology And Linguistics Volume74, 1979; Desmala Sure'de yayınlanan özet çevrisinden. (Çevri M. Hüseyin)

Geçmişimiz ile barışık olmadığımız, son zamanlarda sıkça dile getirilmektedir. Bu doğrudur. Geçmişi ile barışık olmayan bir toplumuz. Fakat bunun dile getirilmesi tek başına yeterli değildir. Her alanda dün ile bugün arasında bir kopukluk söz konusudur. Film sanki bir yerinde kopmuş gibidir. Yapılan montaj da oldukça acemice olunca, bugünü anlamakta güçlüklerle karşılaşıyoruz. Her toplum tarihsel dönüm noktalarından geçmiştir. Ancak geçmişin yadsınması bizdeki gibi kopkoyu bir inkârla değil, doğal evrimi içinde süre gitmiştir.

Devrimler, geçmişin radikal bir biçimde inkârıdır. Ancak hiçbir devrim içinde şekillendiği toplumun kendisini var eden unsurları başta olmak üzere, diğer unsurlarını görmezden gelmez. Devrimlerle tarih kesintiye uğramış değildir. Yalnızca bir ileri aşamaya sıçramış olunur. Geçmişin her yönü ile reddi kendisini var eden unsurların da inkârı anlamına gelir. Bu ise hiçbir şekilde bilimsel olmayan bir anlayıştır.

Alevilerin kendilerini yeniden keşfetmeleri gerekmiyor. Geçmişlerini serbestçe değerlendirmeli ve nesnel yaklaşımlarla inançlarını ve sorunlarını ortaya koymalılar. İnançlarına olmadık misyonların biçilmesine müsaade etmemeleri gerekir. Bu noktada hemen belirtelim; bir inancın laik olması en son düşünülebilecek bir şeydir. Devletler ve onların hukuk sistemleri laik olabilir fakat hiçbir dinsel dizge laik olamaz. Çünkü laiklik bir anlamıyla da farklı dinlere ve inançlara eşit mesafede durulması demektir.

Türkiye Cumhuriyeti devleti, bütün laiklik söylemi ve yetkili yetkisiz ağızların söylevlerine rağmen hiçbir zaman laik olamamıştır. Oysa "Devlet, kişinin Tanrı ve din konularındaki seçimine karışmamalı, yani taraf tutmamalı; kendi iktidarına dayanıp, belli bir inancı ya da inançsızlığı aşılamaya çalışmamalıdır. Onun görevi, din ve inanç özgürlüğünü güvenceye bağlamaktır."[79]

Türkiye Cumhuriyeti devletinin bunu yaptığını söyleyebilir miyiz?

Ne yazık ki bu soruya olumlu bir yanıt vermek olanaklı değil. Öyleyse "Bugün Türkiye'de, din ve inanç özgürlüğü konusunda, bir özgürlük ve insan hakları sorunu var." [80]demekte bir sakınca yok. Devlet sadece bir dine ve hatta sadece bir mezhebe bu alanda özgürlük vermiş gözükmektedir. Eğitimden, TRT'ye, oradan Diyanet İşleri Başkanlığına kadar sadece Sünniler yararlanmakta, onların inançları ve dinleri öğretilip yaygınlaştırılmaktadır. Devletin tarafsız olmasından söz edilemeyecekse (ki bu devletin laik olmadığı anlamına gelir), Aleviler hangi laikliği koruyacak veya sahip çıkacaklar? Bunu bilmek de anlamak da olanaksızdır..

Dinlerin, inançların laikliğinden söz etmek başlı başına saçma bir görüştür. Bu bağlamda Alevilere "laiklik bekçiliği" görevini vermek de o derece anlamsız, belki de art niyetli bir görüştür. Bütün bu saçmalıkları bir yana bırakıp devletin ve onun kurumlarının laikleştirilmesi ülkede var olan dinlere, inançlara aynı mesafede durmasını sağlamak gerekmektedir. Ancak bu şekilde din ve inanç özgürlüğü, özgürlük ve insan hakları sağlanabilir. Bunun gerçekleşmesi halinde devletin laikliğinden söz etmek olanaklıdır.

Dinlere, inançlara laiklik ne kadar uzaksa, bilimsellik ve ilericilik gibi kavramlar da o denli uzaktır. Dinsel

---
[79] İslam Çağımıza Yanıt Verebilir mi? Sever Tanilli, Say Yayınları sf. 228
[80] İslam Çağımıza Yanıt Verebilir mi? Sever Tanilli, Say Yayınları sf. 229

inanç dizgeleri ne olursa olsun, bilimsellik ve ilericilik bu dizgelerin doğasına aykırıdır.

ALEVİLİK İLERİCİLİK Mİ?

Aleviliğin ilericilik olduğu, Alevilere laiklik misyonunun yüklenmesi gibi içi boş, hiçbir kanıtı gösterilmeyen iyi niyetli bir görüştür. Her dinsel dizge gibi Alevilik de dinsel doğmaları olan bir inançtır.

Bilimsel bir dinsel inanç düşünülemez. Alevi inançlarının hepsini bilimin içinde kalarak açıklamak olanaksızdır. Aleviliği oluşturan ve bir yerde ayakta kalmasını borçlu olduğu söylencelerin hiçbir mantığı olmadığı ilk bakışta görülür. Ancak bir Alevi için bu anlatılanların doğruluğu hiç mi hiç sorgulanmadan kabul edilir.

Aleviliği ilerici gösteren onun muhalefette oluşudur. Muhalefetteki her düşünce gibi gelişmek, saldırılar karşısında kendini aşarak yenilemek durumunda kalmıştır. Her düşünce gibi dinsel inançlar da kurumsal yapılanmalarını iktidar olanaklarını kullanmadan gerçekleştiremezler. Anadolu Aleviliği olarak tanımlanan Türkiye Alevilerinin ilerici misyonu biraz da buradan kaynaklanır. Süreç içinde resmi inanç olan Sünnilik kurumsal yapılanmasını tamamlamış ve dar kalıplar içine hapsolmuştur. Kendisine yönelen her eleştiriyi devletin güç mekanizmalarını kullanarak kolay yoldan saf dışı bırakmıştır. Bu da gelişmesinin dinamiklerini yok etmiştir. Alevilik tam da bunun tersi bir konumda olduğu için sürekli kendisini yenilemek durumunda olmuştur. Bunu yapabilmiştir. Çünkü kurumsal yapılanması tamamlanmamış bir inancın bütün esnekliğini taşımaktadır. Diğer yandan kendisi gibi muhalefette olan tüm düşünceler ve inançlarla bir yakınlaşma içine girmiş olması ona yeni soluklar katmıştır.

Örneğin Alevilerin tarih içinde Hristiyanlarla birlikte sorunsuz bir arada yaşamış olmaları, her ikisinin de muhalif olmasında aranmalıdır. Hristiyanlığın temel inançlarından olan "ÜÇ"'leme (Tanrı, İsa ve Kutsal Ruh), Alevi inançlarında Allah, Muhammed, Ali üçlemesiyle benzerlik gösterir. Bu benzerlikler yakınlaşmayı kolaylaştırır, etkilenmeleri artıran unsurlar olurlar. Bunun gibi Tasavvuf ile olan yakınlığını da aynı şekilde açıklamak mümkündür. Aleviliğin insana değer veren, insanı yücelten hümanizmasının kaynağını da burada bulmak mümkün. "Gazeli'nin etkisiyle felsefecilerin aşırı saldırılara uğraması ve resmi anlayışların dışına itilmesi, felsefe hareketinin düşünce hayatında yarattığı canlılığı sona erdirmiş, bu canlılığın ürünleri de Şiiliğin Sünniliğe göre daha yakınında duran tasavvuf hareketine kalmıştı. Başka bir deyişle, Şiilik gibi resmi anlayışın dışına itilen felsefe geleneği de egemen Sünni anlayışların dışındaki hayatını Şiilikle birlikte yaşadı."[81] Bu yakınlığın ve birlikteliğinin birbirlerini etkilemeden olması doğanın diyalektiğine aykırıdır.

Aleviliğin ilerici olmasını bir anlamda zorunlu kılan üzerine oturduğu sınıfsal tabandır. Alevilerin sınıfsal kimlikleri açıklanmadan onların neden ve nasıl ilerici

---

[81] Sosyalizm ve Toplumsal Mücadeleler Ansiklopedisi İletişim Yayınları Cilt 8 sf 2587-2589

olabileceklerini açıklamak olanaklı değildir. Çünkü hiçbir din, mezhep içerdiği doğmalar nedeniyle ilerici olamaz. İnançlardan hareketle Alevilerin toplumsal, siyasal tercihlerini açıklamaya çalışmak bizi sağlıklı bir sonuca götürmez. Ancak "bütün tarihin bir sınıflar savaşımı tarihi olduğu, birbirine karşı savaşım durumundaki bu toplumsal sınıfların her zaman üretim ve değişim ilişkilerini, kısacası çağlarındaki ekonomik ilişkilerin ürünleri oldukları; buna göre, toplumun ekonomik yapısının, her kez, son çözümlemede, hukuksal ve siyasal kuramların tüm üstyapısını olduğu gibi, her tarihsel dönemin dinsel, felsefi ve öbür fikirlerini de açıklamayı sağlayan gerçek temeli oluşturduğu görüldü"ğünde[82] Alevilerin ilericilik misyonuna nasıl ulaştıklarını açıklayabiliriz. Alevilerin genellikle Anadolu'nun üretici köylüleri oldukları bilinen bir gerçektir. Egemenlere karşı her baş kaldırışları dinsel bir içerik taşıyormuş gibi görünse de bütün hareketliklerinin temelinde sınıfsal mücadelenin yattığını görürüz. Köylü hareketleri içinde geliştikleri çağın koşulları nedeniyle dinsel bir kabuk içinde gelişmişlerdir. Çünkü din yaşamın her alanını örtecek kadar belirgin ve öne çıkan konumuyla sınıflar arasındaki savaşımı örter nitelikteydi.

Burada hemen yanıtı aranması gereken bir soru karşımıza çıkmaktadır.

Bugün Alevilerin sınıfsal yapıları nedir?

Bu soruya geçmişte olduğu gibi kısa bir yanıt vermemiz zorlaşmıştır. Bir kez Aleviler artık sınıfsal olarak bir bütünlük içinde değiller. Türkiye'de kırın çözülme süreci ile birlikte Aleviler de geleneksel sınıfsal konumlarını yitirmiş bulunuyorlar. Bugün Alevileri her

---
[82] Anti Dühring, F. Engels Sol Yayınları sf. 78

sınıf ve katman içinde görmek mümkündür. Sınıfsal yapıları farklılaştıkça Alevilik sınıfsal bütünlüğünü yitirme noktasına gelmiştir. 1960'lı yılların başında kırsal yapıların çözülmesine bağlı olarak çok sayıda Alevi köylü büyük şehirlere göç etmek zorunda kaldı. Bu yıllarda kendisi gibi muhalefette olan sol siyasal akımlarla yakın bir ilişki içinde olan Aleviler, sol siyasal hareketlere bolca insan malzemesi sağladı. Ancak yine bu yıllarda Alevilik uzun uykusundan sıyrılmaya başlamıştır. Bugün Alevilerin seslerini bu denli yükseltmelerinin tohumları o günlerde kurulan ilişkilere çok şey borçludur. Aleviler ile "sol" akımlar arasındaki bu yakınlığın tek nedeni her ikisinin de muhalefette olması değildi. Bu dönemde popülist bir söyleme sahip olan sol, bu niteliği ile bir çekim merkezi olmuştur. Bu dönemin sol hareketi ne kadar devrimci idiyse, onunla birlikte yürüyen Aleviler de o kadar ilericiydiler.

Çağımızın temel çelişmesi ve solun sınıf ile buluşması halinde Alevilerin tavrının ne olacağı onların ilerici olup olmadıklarının da gerçek bir göstergesi olabilir. Aleviler işçi sınıfı hareketine omuz verdikleri oranda ilerici ve devrimci olabilirler. Bugün "Atatürkçüyüz, lâikliğin bekçileriyiz" yollu söylemleriyle ilericilikten oldukça uzaklaşmış bulunuyorlar.

Her sınıf ve katmandan Alevinin olması, siyasal yelpazenin değişik kesimlerinde Alevilerin olması anlamına geliyor. Bugün için Alevi hareketinin yönünü belirleme çabası içinde olanlar Alevi örgütlenmesini ve Alevi hareketini kendi siyasal kariyerleri için bir sıçrama tahtası olarak kullanma eğilimindeler. Şu an güçlü olanlar ve Alevi hareketinin yönünü belirleyenler içinde düzenli bir şekilde bütünleşmiş olanların sayısı hiç de az değildir. Bunlar tüccar, sanayici ve özellikle bürokrat olanlardır. Bu arada aydın ve yarı aydın olan Aleviler de kendilerine bir yer edinmek için alabildiğine Aleviliği kullanmaktadırlar. Düzenin kabul edebileceği medyatik tiplemeler çizen bu aydınlar Aleviliği sevimli ve Sünni devletin kabul edebileceği bir görüntüye kavuşturmaya çalışmaktadırlar. Çoğu eski "Alevi devrimci" olan bu yazarlar ortaya serdikleri Aleviliğe kendileri de inanmamaktadırlar. Alevilerin ilerici olduğundan çokça dem vuran bu yazarlarımız, kendilerinin sol siyasal hareketler içinde bir zamanlar yer almış olmalarını bunun kanıtı sanıyorlar. Oysa bu olsa olsa onların cahilliklerinin kanıtı olabilir.

Alevilik de diğer birçok inanç gibi dogmaları olan bir inanış olarak ilerici olmayı, hele demokrat olmayı bu yüzden başaramaz. Bugün hâlâ muhalefette olması, devletin imkânlarından yararlanmıyor olmasından dolayı ilerici, demokrat bir söylemi olsa dahi iktidar ve devletin olanaklarıyla buluştuğu gün bu özelliklerini yitirecektir. Alevilerin söylemlerine yansıyan ilerici demokrat söylemler kendi jargonları da değildir. Bunlar daha çok solun söylemidir. Aleviler sol ile onunla ilişkilerinin düzeyine bağlı olarak bu söylemi şimdilik ödünç almış bulunuyorlar.

Birçok Alevi yazarın istediği ve özlediği gibi: Aleviler de Diyanet içinde yerlerini alır ve devletin güç kaynaklarını arkalarına alırlarsa, bugünkü mevcut söylemleri de buna göre değişecektir. Bunun ipuçları şimdiden gözlemlenmektedir. Devletin ve iktidarların yakınlık gösterdiği oranda Aleviler söylemlerinde farklılıklar yapmış ve eski müttefiklerinden uzaklaşmanın bahanelerini arar olmuşlardır. Alevilerin yakın zamandaki ezilmişlikleri, uğradıkları katliamların faturası neredeyse sol hareketlerle olan yakınlıklarına bağlanmaktadır.

Bu noktada sol siyasal hareketlerin içine girdiği yanlıştan da söz etmenin gerekli olduğunu düşünüyoruz. "Kapitalist üretimin olgunluktan uzaklığına, sınıfların durumunun olgunluktan uzaklığına, teorinin olgunluktan uzaklığı..."[83] eklenince bu manzara karşısında Türkiye sosyalistlerinin durumunu anlamak güç olmamaktadır. Kapitalizmin az gelişmişlik düzeyi, bir türlü sınıf ile buluşamayan sosyalist hareketin teorideki yetersizlikleri ile daha çok popülist etkiler altında muhalif her kesime yakınlaşması gündeme geldi. Bu arada Alevilerin Türkiye sosyalistleri için ayrı bir önemi oldu ve hâlâ olmaya devam etmektedir.

Sosyalistlerin Alevilere yakınlığı onların sınıfsal yapılarından çok düzen tarafından dışlanmış olmaları ve muhalif olmalarından kaynaklanmaktadır.

Burada dikkat edilmesi gereken nokta sosyalistlerin asli görevlerinden uzaklaşması kitleselleşme adına sınıftan kopmasının gerçekleşmiş olmasıdır diye düşünüyoruz. Türkiye'de hiçbir dönem kendi ayakları üzerine basan ve çıkış noktası sınıf hareketi olan bir sosyalist hareket oluşamadı. Türkiye'deki diğer birçok olgu gibi sosyalist hareket de dışarıdan aydınların ithali sonucu yaşam buldu.

İşçi sınıfının kendi doğal şekillenmesi ve mücadelesi içinden çıkacak bir sosyalist hareket gerçek anlamda bir sosyalist hareket olabilir. Ancak böyle bir sosyalist hareketin diğer kesimleri ardından sürüklemesi olanaklı olabilir. Aksi; sınıfsal muhtevası hiçbir şekilde netlik

---

[83] F. Engels, Anti-Dühring sf.412

kazanamayan ve bolca ödünler veren sosyalistliği popülist sol bir söylemden ibaret olan bir hareket olmanın ötesine geçemez. Bu türden bir sosyalist hareketin de Aleviler ile yakınlığı bir şekilde hep olacaktır.

KÖYLÜ AYAKLANMALARI VE ALEVİLER

Resmi tarih, köylü ayaklanmalarını küçümser ve tümünü düzen bozan başıboş kalabalıkların hareketi olarak değerlendirir. Birçok Alevi yazar da bu yanlışa bir başka açıdan katkıda bulunmak için, resmi tarih ile yarışmaktadır.

Alevi yazarlar bu ayaklanmaların sınıfsal boyutunu görmezden gelerek "Alevi ayaklanmaları" olarak değerlendirirler. Görünüşte ayaklanmaların dinsel tepkilerden yola çıkılarak hayat bulduğu görüntüsü birçok tarihçiyi olduğu gibi Alevi aydınları da yanıltmaktadır.

Osmanlı yönetimi ve öncesinde Selçuklular birçok alanda kendilerinden çok farklı topluluklar ve dini cemaatlerle sorunsuz yaşamışlardır. Selçuklular ve daha sonra Osmanlılar döneminde Hristiyan ve Yahudi topluluklarının neredeyse sorunsuz yaşamış olmaları pek kolay anlaşılabilir bir durum değildir. Bu durum birçok

Alevi aydınını Hristiyan ve Yahudilere gösterilen esnekliğin neden Alevilere gösterilmediğinin yanıtını aramaya itmiştir. Alevi aydınlar ve konunun diğer ilgilileri bu konudaki esrar perdesini yer yer kıyısından köşesinden kaldırmışlardır. Ancak yapılan tüm çalışmalar konunun tamamen kavranmasına yetecek boyut ve açıklıkta olmaktan henüz çok uzaktır.

Yukarıda sözü edilen yönetimlerin (Selçuklu ve Osmanlılar) Alevi topluluklarla sürekli çatışma içinde olmadığını da biliyoruz.

Öyleyse zaman zaman büyük katliamlara neden olan bu çatışmanın nedeni nedir?

Bu sorunun yanıtını Anadolu'daki ekonomik yapıda ve ekonomik ilişkilerde aramak gerekir. Anadolu'nun büyük üretici kesimini oluşturan Aleviler kendi aleyhlerine değişen dengelere tepki göstermiş ve bu tepkiler yer yer başkaldırmalara dönüşmüştür.

"Günümüze kadar var olagelen bütün toplumların tarihi sınıf mücadeleleri tarihidir."[84] Çağın gereği mevcut üretim biçimi ve üretim ilişkilerinin değişmesi karşısında gösterilen karşı duruşlar niteliğinde olan bu başkaldırmalar yine çağın gereği sınıfsal niteliği ile değil, dinsel karakteri ile tarihe yansımıştır. Kendileri de üretici olan diğer inançlardan toplulukların bu hareketlere katılmamasının ya da sınırlı olarak katılmasının nedeni de hareketin sınıfsal yapısının dinsel inançlarla örtülmüş olmasından kaynaklanmaktadır. Şeyh Bedreddin olayında olduğu gibi dinsel inançlar ikincil plana itilebildiği oranda Hristiyan ve Yahudilerin de bu başkaldırmalarda yerlerini aldığına tanıklık etmekteyiz.

---

[84] Siyaset ve Felsefe (Komünist Parti Manifestosu) K. Marx - F. Engels sf.100

Anadolu topraklarında belki de ilk başkaldırma, ilk köylü ayaklanması olan Babai ayaklanmasını oluşturan nedenleri incelediğimizde, köylü ayaklanmalarının nedenleri konusunda belli bir düşünceye ulaşabiliriz. Başlı başına incelenmesi ve ele alınması gereken bu konu çalışmamızın boyutunu aşacak kapsamdadır.

Bundan dolayı burada daha çok Babai Ayaklanmasının nedenleri üzerinde duracağız. Bunun birçok yönüyle diğer ayaklanmaların nedenleri konusunda bir düşünce vereceğini düşünüyoruz. Anadolu tarihi ve sınıf savaşımları açısından oldukça önemli olan bu konunun daha titiz ve kapsamlı bir çalışmayı hak ettiğinin bilincinde olduğumuzu okurumuzun bilmesini istiyor ve bu konuda ciddi bir

BABAİ İSYANI'NI OLUŞTURAN NEDENLER

Tarihçiler 1071 Malazgirt Savaşı ile Anadolu'nun kapılarının Türklere açıldığından söz eder. Oysa bu tarihten çok önce başlayan ve süren göçler ile Türkler Anadolu'ya gelmişlerdir. Bölge insanlarıyla karışmış, birlikte yaşamaya başlamışlardır. Türklerin Anadolu'yu yurt edinmeleri sanıldığı gibi büyük mücadeleler sonucu olmamıştır. Bunun nedeni Bizans'ın o gün içinde bulunduğu ekonomik ve siyasi yapısıyla doğrudan ilgilidir.

Doğudan sürekli artan sayılarda gelen göçlerin sınıra dayanması ve Bizans'ın bu gelen göç dalgasına karşı koyacak güçte olmaması, Anadolu'nun fethini kolaylaştıran etmenlerin başında gelmektedir. Bundan başka; "iktidarı kaybetmekte olan bürokrasiyle, kendilerine ait orduları bulunan büyük mülk sahipleri arasındaki bitip tükenmek bilmeyen, ülkeyi harabeye çevirip halkı yöneticilerden soğutan iç savaşlara yol açıyordu.

Bu soğuma duygusu, Anadolu'nun Türkler tarafından fethinde, özellikle de yeni gelenlerin yerli halkla kaynaşıp onu kendi içlerinde eritebilmelerinde büyük rol oynamış olsa gerektir. Büyük malikânelerin doğuşu, özgür köylüyü paroikos durumuna getiriyordu. Koruyucu rolünü üstlenecek gücü kendinde bulamayan devlet ise tam tersine, köylüleri büyük mülk sahiplerinin elinden koparıp kendi malı, yani paroikos demosiarislar yapmaya çabalıyordu."[85] Bütün bu iç çelişkiler Anadolu'nun Türkler tarafından fethini kolaylaştıran etmenlerdir. Bu anlamda Malazgirt Savaşı bir sembol olmasının ötesinde Anadolu'nun içlerine doğru göçlerin daha rahat yapılmasına olanak vermiştir. Hiçbir askeri direnç ile karşılaşmayan yeni gelenler, Anadolu'nun adım adım Türkleşmesini sistemli bir şekilde sürdürürler ve "Batılı gezginler, XII. yy. sonlarından başlayarak Küçük Asya'ya Türkiye"[86] demeye başlarlar. Anadolu'nun bu kadar erken bir dönemde Türkiye olarak tanımlanmasının başlıca nedenleri şehirlerin Türkleşmesinden kaynaklanmaktadır. Bu tarihlerde Türkler yerli halklardan daha az nüfus yoğunluğuna sahip olmalarına rağmen şehirlerdeki hâkim unsur olurlar. Batılı gezginlerin başlıca uğrak yerleri olan

---

[85] Stefanos Yerasimos, Azgelişmişlik Sürecinde Türkiye sf. 80 Gözlem Yayınları
[86] Aynı yapıt, sf. 82

şehirlerdeki bu durum onların yanılmalarının da başlıca nedeni olur.

Bizans'ın iç çelişkilerinin fethi kolaylaştırdığından söz ettikten sonra, dış etmenlerin neler olduğuna da bir bakalım: Dış etmenlerin başında Türklerin üretim ve yönetim biçiminin başlıca belirleyici olduğunu belirtmek gerekir. Anadolu'nun yeni hâkimleri geldikleri yerde, oldukça canlı ve yerine oturmuş ekonomik yapıları hazır bulurlar ve bu yapıları değiştirmek bir yana egemen unsurların kaçmasından sonra olduğu gibi devam etmesine karışmazlar.

"Fethin ilk sonucu, bölgeler arası hatta uluslararası bir ekonominin, yerini salt yerel malların dolaşımına bırakmasıydı. Bu dönüşümden ilk etkilenenler de kentler ve büyük malikâneler oldu. İstilacılara en çok karşı koyan kent halkıydı ve bu halkın büyük bir bölümü Konstantinopolis'e göç etti.

Büyük malikâneye gelince, sivil ve kiliseye bağlı mülk sahipleri ortadan kaybolunca, sistemin kurucu ögeleri, kır cemaatlerinden ibaret kaldı. Bu cemaatler artık ilk başlarda düzenli vergi bile istemeyip, yalnızca çapulla yetinen istilacıların hizmetindeydi. Böylece eski sisteme doğru bir geri dönüş, kır halkının hiç de canını sıkmayacak olan bu dönüşüm ortaya çıktı."[87] İşgal ile ortaya çıkan bu yeni durum yerli halkın yönetimle olduğu kadar gelenlerle bir arada yaşayıp kaynaşmasını kolaylaştıran etmenlerden sayılabilir. Şehirlerin yerli halktan büyük oranda boşalmış olması, Türklerin şehirlere yerleşmesinin önünü açtı. Böylece "ilk Türk şehir topluluğu Rum-Bizans şehirlerine gelip yerleşen Türkmenlerle, onları maddeten ve manen idareye koşan

---

[87] Stefanos Yerasimos, Azgelişmişlik Sürecinde Türkiye sf. 82 Gözlem Yayınları

"Türk-İran" medreselilerinden teşekkül etmiş bulunmaktaydı."[88] Bu tarihten sonra Anadolu'ya gelen Türkmenlerin büyük bir çoğunluğu şehirlere yerleşti ve eski yerli halk bu şehirlerde azınlık konumunda kaldı. Tarım alanında ise Türkmenlerin aynı oranda yoğunlaşmadığını, kırsal kesimde daha çok hayvancılıkla uğraşmakla yetindiklerini görmekteyiz. Bu alanlarda yerli halkların çoğunlukta kalmaları sürmüştür. Kırsal alanlarda yaşayan tarım ve hayvancılıkla uğraşan halkın dinsel inançlarına bakılarak bu alanda da Türklerin yoğun nüfusu oluşturduğunu ileri sürenler vardır. Ancak bu durum oldukça yanıltıcıdır. Yerli halkların Hristiyan Rum ve Ermenilerden ibaret görülmesi Kürtlerin hiç hesaba katılmaması bu yanlışın başlıca nedenini oluşturmaktadır. Resmi tarih anlayışını benimseyen yazarların hemen hepsi bu dönemi anlatırlarken Kürtlerden söz etmemeye özen gösterirler. Kürtlerin büyük çoğunluğunun Müslüman olmaları onların Hristiyan, Rum, Ermeni yerli halk ile birlikte bölgenin yerli halkı olduğu gerçeğini ortadan kaldırmaz.

Hepsi de Kemalistliğiyle övünen bu aydınlar Kemalistlerin ulusal devlet yaratma çabalarında ümmetçi çevrelere karşı verdiği mücadelenin bayraktarlığını yaptıkları halde, söz konusu Kürtler ve Zazalar olunca çok kolay ümmetçi olabilmektedirler. Bu ikiyüzlülük ise güvenilirliklerini yitirmelerine mal olmaktadır. Ama bu onları hiç mi hiç rahatsız eden bir şey değil gibidir.

Türklerin, "devletlerinin ideolojik yönelimi ve yönetim biçimi Batı Asya'nın Arap ve İran-İslam geleneklerine dayanıyordu. Gerçi orduların çoğunluğunu

---

[88] Prof. Dr. Mustafa Akdağ, Türkiye'nin İktisadi ve İçtimai Tarihi Cilt I sf. 14

hayvancılığa dayalı, hatta yarı-göçebe yaşam biçimlerini sürdüren Oğuz Türkleri oluşturuyordu, fakat sivil ve malî yönetimde İranlı vezirler ve kâtipler, kültür hayatında İranlı ve Arap şair ve yazarlar, medreselerde Arapçayı benimsemiş ulema ağır basıyordu."[89]

Anadolu'nun yeni hâkimleri kısa zamanda devlet örgütlenmesini ve ekonomik hayatın düzenlemesini ellerine aldılar. Kısa bir zaman sonra fatihlerin orada buldukları üretici güçlerin kendi başına kalmışlığına müdahale etmek zorunda kaldılar.

"Selçuklularda topraklar "Miri malı" idi. Yani devlete aitti. Bu miri malı "Askeri İktalar"da vardı. İkta olayı özetle şudur: Devlete ait toprakların bir bölümü askeri şeflere, devletin ileri mevkilerdeki memurlarına ve diğer yöneticilerine "ikta" olarak verilmekteydi. Mülkiyet devlete kalıyordu. Özel mülkiyet sınırlı olarak benimsenmişti."[90]

İkta sahiplerinin ikta almaları devlet görevi almalarına bağlıydı. İkta sahibi olanlar bu yerleri reayaya (köylüye) bırakır, bunun karşılığında ise "haraç" veya "öşür" alırlardı. Selçuklu Devleti bu sistemin yanı sıra bir de "Divanı Malikâne" adında bir çeşit toprak kullanma imtiyazı tanımıştı. Bu topraklar da yine devlet hizmetindeki bazı şahıslara bırakılmıştı. Ancak bu toprakların satılması, bağışlanması ve miras yoluyla intikali yasaktı. Bizans hükümdarlığının feodal toprak sistemine göre Selçukluların uyguladığı bu yöntem -o döneme göre- ilerici bir sistemdi. Çünkü devlet büyük toprak sahiplerinin oluşmasını önlüyor ve toplumda uçurumların yaratılmasına olanak tanımıyordu."[91]

---

[89] Metin Kunt, Türkiye Tarihi Cilt 2 sf. 18, Cem Yayınları
[90] Cemşid Bender, Kürt Uygarlığında Alevilik sf. 58
[91] Cemşid Bender, Kürt Uygarlığında Alevilik sf. 58–59

Selçuklularda toprak rejimi ister ikta ister Divanı Malikâne sistemi şeklinde olsun, özel kişilere bırakılmıştı. Bu her iki şekilde de toprakların satılması, bağışlanması ve miras yoluyla intikali yasaklanmıştı. Ama bu her iki biçimde özel mülkiyetin belli ellerde toplanmasının önünde engel değildi. Hatta devlet görevlilerinin ve askeri şeflerin bu hakkı belli bir süre için ellerinde bulunduruyor olmaları, sömürünün yoğunlaşmasının da bir nedeni olabilmekteydi. Bu da sömürünün ve reayanın hızla mülksüzleşmesi anlamına geliyordu.

Diğer yandan, Cemşid Bender'in devletin toplumda farklı sınıfların oluşumunu engelleme çabasının ilerici olduğu savını paylaşmak sosyolojik olarak mümkün değildir.

Selçuklular da devletin yüksek görevlilerine, memurlarına ve askeri şeflerine İkta veya Divanı Malikâne olarak bıraktığı topraklar üzerinde özel mülkiyeti engelleyememiştir. Bunu o dönemin büyük devlet adamının ağzından aşağıda aktaracağız. "Ancak bundan da öte asıl önemlisi, özel mülk edinmenin kaynağı olarak tarlalarda çalışmadır. Bu, taşınabilir malların, örneğin hayvanların, paranın ve bazen de kölelerin ya da servetlerin birikimine olanak sağlar. Komün tarafından kontrol edilmeyen, hilenin ve rastlantıların kolayca etken olabildiği bireysel değişimlerin konusu bu taşınabilir mülkiyet, tarımsal ekonomi üzerine gittikçe daha ağır basacaktır. İlkel iktisadi ve toplumsal eşitliğin yok edicisi işte budur."[92]

Selçukluların en güçlü devlet adamı olan Nizamülmülk, Siyasetname adlı eserinde ikta alanlardan

---

[92] K. Marx, Kapitalizm Öncesi Ekonomi Biçimleri. Sol Yayınları sf. 260

reayanın korunduğunu ve yerli ahaliyi ezmelerinin önlenmeye çalışıldığını anlattıktan sonra "bir vergi yükümlüsünün (reaya) ağzından şunları aktarıyor: "Vergi memuru gelip de benden mutat veçhile vergi talep ettikte, benim sürüden bakiye kalan koyunları da vergiye mukabil verdim. Şimdi ben o memurun çobanlığını ediyorum."[93]

Üretici güçlere müdahale edildikçe ve bu da daha çok köylülerin mülksüzleştirilmesine ve yoksullaşmasına neden oldukça, yerleşik yaşantıyı sürdüren veya kısa zaman önce yerleşik yaşantıya geçen üreticilerin hoşnutsuzluğu da başladı. Buna bir de yerleşik yaşantıya geçenlerden daha az uysal olan yeni gelenler ekleniyordu. Tüm bunlar yeni göç dalgalarıyla birlikte hoşnutsuz kitlesini artırıyordu.

Resmi tarihin çapulcu ayaklanmaları dediği ve küçümsediği; Alevilerin ise Alevi ayaklanmaları diye adlandırıp sınıfsal muhtevasını sakladığı bu ayaklanmaların nedeni, sınıflar arasındaki mücadelenin doğal bir sonucundan başka bir şey değildi. Bu tür mücadelelere kimlerin önderlik ettiği, dinsel ve etnik kimlikleri ne olursa olsun olayın özünü değiştirmez. Ancak bu bazen onun sınıfsal muhtevasını saklamaya, üzerini örtmeye yarar.

Babai isyanı ve onun önderi Baba İlyas ve daha sonra da Baba İshak için söylenenlerin bu anlamda pek bir önemi yoktur. Onun bir çoban olduğundan tutun da mucizevî güçlere sahip olduğundan söz etmenin tarih bilimi açısından hiçbir değeri ve anlamı yoktur. Toplumsal mücadelelerde sosyal yapıda meydana gelen

---

[93] Stefanos Yerasimos, Azgelişmişlik Sürecinde Türkiye sf. 73 Gözlem Yayınları
93

değişimlerin sınıf mücadelesini hızlandırdığını, keskinleştirdiğini elimizden geldiğince göstermeye çalıştık. Bu dönemde üreticilerin hareketliği, ileri bir hareketlilik olmaktan daha çok mevcut durumu korumak veya daha önceki koşullara dönüşü hedefleyen hareketliliklerdir.

İktidar boşluğundan dolayı oluşan dönemleri kendi yararlarına kullanan üreten emekçi kesimler, bunun böyle kalmasının kavgasını vermektedirler. Bunu yukarıda göstermeye çalıştık. Bizans'ın yenilgisi, Selçukluların iktidarı ve bölgeyi tam kontrolleri altına alamadıkları dönemde oluşan iktidar boşluğu ve bundan dolayı oluşan göreceli iyi şanlardan vazgeçmeme ve direnmedir bir anlamıyla. Bunu daha sonra Timur'un Yıldırım Beyazıt'ı yendiği Ankara Savaşı'ndan sonra da görmekteyiz. Uzun bir dönem şehzadelerin içine girdiği taht kavgası, üreticilerin göreceli rahat yaşamasını sağlamıştır.

Yıldırım Beyazıt'ın oğullarından olan Mehmet Çelebi'nin toprak aristokrasisi ile ittifakı ve iktidarı ele geçirmesiyle köylünün durumunda meydana gelen değişiklikler Şeyh Bedreddin İsyanı'nın başlıca nedenleri olur. Mehmet Çelebi'nin oğlu Sultan Murat komutasındaki büyük bir ordu, Şeyh Bedreddin'in müridi Börklüce Mustafa ile girdiği savaşta isyancılar yenilir ve önderleri yakalanıp asılırlar.

Bu hareketlere işsiz güçsüzlerin ve göçebelerin de katılması, bu hareketlerin özünde köylü hareketleri olduğu gerçeğini ortadan kaldırmaz. Bu, olsa olsa hareketin toplumsal boyutunun genişliğini gösterir. Bunlara bakarak hareketleri küçümsemek onları çapulcu ve işsiz güçlerin düzen bozucu hareketleri olarak değerlendirmek sanırız yapılması gereken son şeydir.

TOPLUM YAŞAMINDA İNANÇLAR

Toplumsal yaşam içinde inançları olmayan insanlara rastlamak olanaksız gibidir. İnançtan bahsedilen yerde ise ilk akla gelen dinsel inançlardır. Dinsel inan biçimleri inancın yalnızca bir biçimidir. İnsanların bilgi ve kültür düzeylerine göre inan biçimleri farklılık gösterir. Tartışmasız her inanç bir dünya görüşü, yaşamı yorumlama ve bir tavır alıştır. İnançların her zaman çağa ve akla uygun olmadığını herkes kabul edecektir. Bazı dinci çevreler inançlarının akıl ve mantık yolu ile açıklanmasının olanaksız olduğunu itiraf ederler. Kendi deneyleriyle vardıkları bu sonuç oldukça anlamlıdır. İnançları ile yaşamı, doğa ve toplumda olup bitenleri açıklayamamanın ifadesidir bu. Bunun aksi zaten düşünülemez. Çünkü dinsel dizgeler, çağlarını açıklamaya çalışan ve o toplumun mevcut yapılarını, sorunlarını aşmayı hedeflemiş dizgelerdir. Ekonomik, sosyal yapılarının sürekli geliştiği ve dönüştüğü gerçeği bir dönem için oluşturulan ve asıl amacı gündelik yaşamın düzenlenmesi olan inan biçimlerinin aşılmasını zorunlu kılar. Bu durum siyasal ve ekonomik doktrinler için de geçerlidir.

Toplumlar canlı organizmalar gibi sürekli bir gelişim içindedirler. Bu gelişim diğer birçok alandakinden farklı olarak "oldukça yavaş" ve dışarıdan kaba bir bakışla gözlemlenecek düzeyde değildir. Bu durum yanılgılara düşmemizin nedeni olur. Değiştiğini gözlemleyemediğimiz, bazen görmezlikten geldiğimiz değişimler ve dönüşümler bize pahalıya mal olur.

Değişimleri görmezden gelmek ve eski düşüncelerin hâlâ geçerliğini koruduğunu savunmak bizleri çağın gerisinde kalmaya mahkûm eder. Üzerinde fazla durmadığımız bu durum yaşamımızı doğrudan etkiler.

Dinsel inançların akıl ve mantığa uygun hale getirilmesi mümkün müdür?

Dinde reform anlamına gelebilecek bu yaklaşımın din açısından kabulü bizce söz konusu olamaz. Kısa ve özlü söylemek gerekirse din, reformu kabul etmez. Bu dinin ne kadar ussal olduğuyla ilgili değildir. Bu anlamda din akıl ve mantık sınırları içine alınmasını ivedi bir şey görmez. Bir başka açıdan olaya baktığımızda dinsel inançların insan yaratması olmadığına inanılmasından dolayı insana bu alana müdahale etme olanağı da tanımak Tanrı'nın koyduğu kuralların insanlar tarafından keyfice (ussallaştırılması adına da olsa) değiştirilmesi dinler tarafından reddedilir. Böyle bir şey yapıldığında farkında olmadan inançların insan yaratması olduğunu kabul etmiş olacağız. Ancak bugün dinlerin eski yapılarını korumadıkları en azından insanların onlara eski biçimleriyle değil de kendi yaşam tarzlarına uygun bir biçimde inandıklarını gözlemlemekteyiz. Dinsel yaptırımların değişik zamanlarda değişik yorumlarının yapıldığını küçük çaplı bir araştırma ortaya koyabilir. Bütün bunlar adı konmadan yapılan bir reformun göstergeleridir. Burada yapılan tüm itirazlara rağmen dinsel inançların ve dizgelerin güne uydurulması günün aklının ve mantığının kabul edebileceği hale getirilmesidir. Dünden bugüne bunlar yapılmasaydı, bugün bu inançların yaşaması söz konusu olamazdı.

Dinsel inançların çağdaş yaşama yanıt verecek şekilde kabulü, çağdaşlaştığı anlamına gelmediği gibi toplumsal yaşamı hâlâ olumsuz yönde etkilemesine de engel değildir. Günlük yaşamın birçok alanı İslam'a dinsel bakış açılarına göre düzenlenir ya da ona uygun bir tarzda sürüp giderken böyle bir varsayımın doğru olması söz konusu olamaz. İslami toplumlar açısından olaya yaklaştığımızda bu durumu daha açık bir biçimde görmek olanaklıdır. İslamiyet toplumsal yaşamın her alanına uzanıp müdahale eder. Bu konumu itibarı ile diğer dinlerden daha fazla toplumsal yaşamı etkiler.

Bizim için İslam'ın hangi alanlarda yasaklar getirdiği pek önemli değildir. Her dinsel inanç gibi İslamiyet de bilimsel görüşle çelişmek zorundadır. İslam'ın ortaya çıktığı dönemin ve içinde şekillendiği çevrenin ihtiyaçları için ortaya çıktığını kabul edersek, onun bugün için çok da geçerli olamayacağını anlamış oluruz. Dine inanmak, usun ve mantığın süzgecinden geçirilmiş bir inan olmak zorunda değil, olamaz da. O, tam tersine ve genellikle usumuzun kabul etmekte güçlük çektiği konulara koşulsuz inanmayı emreder.

Bütün diğer dinler gibi, İslam'ın bilim ve teknolojinin önünde engel olduğunu bilmeyen yoktur. Bilimsel ve teknolojik gelişmelerin önüne geçilmesinin imkânının kalmadığı noktadan sonra "zaten bunlar Kuran'da vardır." yalanıyla kabullenilir. Ama bu arada kaybedilen zaman, dinin üstlendiği gerici misyonu göstermesi anlamına gelir. Matbaanın Türkiye'ye iki yüzyıl gecikmeyle girişi bu alandaki örneklerden yalnızca biridir.

Dinsel inançların açık engellemeleri bir yana, oluşturduğu anlayışlar dizini bakımından sürekli gelişmenin önündeki engelleri oluşturan bir yapısı vardır. İnsanın özgür düşünmesinin önüne engeller koyan yapısı ile akıllara prangalar vurur. Anlamsız yasaklar ve emirlerle insanın ruhsal dünyasını altüst etmesi ile insanların sürekli bir bunalım içinde devinmesinin başlıca nedeni olur.

Din, insanın kendine ve topluma yabancılaşmasının ta kendisidir. Toplumu ileri götürecek her çaba dine vurmadan edemez. Din ile bir mücadele içine girmeden başarılı olunması olanaksızdır. Toplumun değer yargılarının özellikle dinsel inançların toplum ve insan üzerindeki etkilerinin yoğun oluşu nedeniyle birçok kişi yapılmak istenen şeyin bu değer yargılarını hedeflediği gerçeğini atlayarak, deyim yerindeyse teğet geçilmesini savunup uygulamaktadır. Bu davranış oportünistçe bir ikiyüzlülük olduğu kadar bir işe de yaramaz.

Dine karşı açık bir tavır belirleyemeyenler ya da belirlemek istemeyenler onun toplum ve hatta kendileri üzerindeki etkilerini kıramazlar. Türban konusunda bitmeyen tartışmaların şimdiye kadar yürütüldüğü biçimi, dini hedef almaktan kaçınılarak yapılmaktadır. Bu yüzden her iki tarafın da tartışmada kullandığı argümanlar daha çok demagojik argümanlar olmaktadır. Dinin emir ve yasaklarının anlamsızlığı, çağcıl olmadığı sorgulanmadan başörtüsüne karşı çıkmak olanaksız olduğu gibi, demokrasi, insan hakları, inanç özgürlüğü gibi argümanlara sarılarak türbanı savunmak da olanaksızdır.

Bizim için önemli olan dinsizliğin savunulması değil kişinin sosyal, sınıfsal konumu hatta mesleki konumu itibarıyla her günkü yaşamında dini gerçek anlamda koyduğu yeri bilinçli ve bilerek belirlemesidir. İnananların büyük çoğunluğu şu veya bu şekilde inançları ile gerçek yaşam arasında bir çelişkinin olduğunu sezerler. Ancak dinlerin koyduğu yasaklar bu çelişki üzerinde düşünüp irdelemelerine engel olur. İşte tam da bu noktada beyinlere vurulan zincirlerden söz etmek anlamlı olur.

İnanan insanları, dinsel inançlarını uygulayan / uygulayamayan olarak yüzeysel ve yapay bir ayrılığa tabi tutmak yanlış olur. İnsanların yaptıkları birçok eylemin özgür iradeleriyle yapıldığını savunmak neredeyse olanaksızdır. İnananlar açısından dinlerin koymuş olduğu emir ve yasaklara uyan ve uymayan insanlar arasında sanıldığı kadar büyük bir fark yoktur. Ruhsal dünyalarının altüst oluşu açısından etkilenmeleri neredeyse aynı orandadır. Burada hangisinin Tanrı katında daha suçlu olup olmadığından söz etmiyoruz. Bunun pek bir anlam ifade etmediğini de rahatlıkla söyleyebiliriz.

Günümüzde bu durum daha zorlaşmış ve din gündelik hayatın her alanına nüfuz etmiştir. Dinin sürekli gündemde kalması dinsel konulardan söz edilmesi, dini gündelik hayatın içine çekerek her alanın dinsel terimler ve anlayışlarla şekillenmesine neden olmaktadır. Günün ihtiyaçlarını dinsel inançlar ile açıklamaya çalışmak, toplumun ileriye devinimini engellemekte ve insanların üretkenliğini sekteye uğratmaktadır. Her inan dizgesi bir duraksamadan sonra günün ihtiyaçlarına cevap vermez. Günün anlaşılmasını sağlamadığı gibi, anlaşılmasına da engel olur.

İnançlarına göre yaşayan insanların günlük yaşamda kaçırdıkları ve altından çıkamadıkları bir yığın sorunu olmasına rağmen belli bir iç huzuru yaşadıklarını ayrıca söylemek gerekir. Bu insanların bütün yaşamlarının huzur içinde süreceğinin ise bir garantisi yoktur. Günün birinde hiç beklenmedik bir zamanda derin ruhsal depresyonlar yaşamaları söz konusu olabilir. Bunun nedeni çoğu zaman yaşamın (günün) realitesi ile inançların bir biri ile örtüşmemesi ve cevapsız kalan sorular karşısında çaresiz kalış olarak açıklanabilir.

Bizim insanlarımız yaşamları itibarıyla pek dindar sayılamazlar. Yaşam tarzları, yaşam karşısında aldıkları tavırlarıyla dindar olduklarını söylemek olanaklı değildir. Yaşamsal çıkarları söz konusu olduğunda bir dinsizden beklenecek tavırlar sergilemeleriyle insanı şaşırtırlar. Ama yine de dinsel dogmalardan kurtulmuş değillerdir.

Bu durumu nasıl açıklayabiliriz?

İnsanlar üzerinde fazla düşünüp taşınmadan davranmak zorunda kaldıkları anda dinsel dogmaların ötesine geçip bilimsel, daha doğru bir söylemle bilimsele yakın bir eyleme varırlar. Ancak genellikle konuşmalarda, düşünce belirtmek zorunda olduğu zaman dinsel dogmaların puslu metafizik ağlarına dolanıp kalmaktalar. İnsanımızın az düşünüp çok iş yapmaya çalıştığından yakındığımız bir gerçek olmakla beraber, düşünmesinin de olumlu sonuçlar vereceğine inanmadığımızı söylemek insanlarımızı aşağılamak olarak değerlendirilmemelidir. Bu olumsuzluğun sorumlusu onların kendileri değildir.

Birey olarak düşündüklerinde çok farklı düşünüp davranabilenler, gruplar içinde bireysel kimlikleri ile orada yer almaktan korkarlar. Grup kimlikleri ile düşünmek davranmak onlar için en kolay yol olup çıkar. Bunun nedeni bireysel kişiliğin henüz olgunlaşmamış olmasından başka bir anlama gelmez. Birebir yapılan konuşmalarda çok farklı düşünceler ileri süren ve konuşanların birçoğu, bir topluluk içinde tam tersi düşünceleri savunmaktadırlar. Burada yapılan toplumda genel geçer düşüncelerin savunmasından başka bir şey değildir. Bu ikiyüzlülük insanın kendisine saygısında derin yaralar açar. Sonucu elbette sağlıksız bireylerin oluşturduğu herkesin herkese yalan söylediği bir toplumun ortaya çıkmasıdır. İnançlarını, olayları, olguları ve düşünsel süreçleri mantık süzgecinden geçiremezler. Genellikle bir olayı ortaya koyan nedenler hiç düşünülmeden üzerinde biraz olsun kafa yormadan bir sonuca varılmak istenir. Bu yapılırken de genellikle o an gördükleri ama aslında sonuç olandan hareket ederek bütün gelişimi açıklamaya çalışırlar. Bu bir yöntem olarak kullanılıp sonucun nasıl ortaya çıktığı araştırılmaz. Tam tersine sonuç olarak ortaya çıkandan hareketle kesin tavır belirlenmeye çalışılır.

Varılan sonuçlar değişmez, değiştirilemez kabul edilir. İyiler hep iyi, kötüler hep kötü olarak kalırlar. "İnsanların hataları, içine düştükleri yanılgılar hep kötü oluşlarından kaynaklanır." gibi oldukça zararlı, hatta saplantı konumunda bir düşünce hâkim konumundadır. Bizim toplumumuzda hiçbir insanın iyi olduğunu duymak olanaklı değildir. İnsanların hemen hepsi bir şekilde günahkârdır. Dinsel açıdan bakıldığında doğru kabul edilebilecek bu düşünce, toplumsal yaşam içinde insanların bir arada karşılıklı güven içinde yaşamalarını büyük oranda baltalar. Ardından da çok haklı olarak "gemisini kurtaranın kaptan" olduğu düşüncesine varılır.

Bu çalışmanın bu bölümü için farklı inanç düzeyinde olduklarına inandığım birkaç kişiyle konuşmaya çalıştım. Çabalarımın boşa gittiğini görmek beni şaşırtmadı. Ancak düşüncemi doğrulamak anlamında oldukça yararlı olduğunu söyleyebilirim. Bir kere konuştuğum kişilerin hepsinin dinin bütün yönleriyle kavranamayacağı noktasında birleştiklerini görmek oldukça ilginçti. Diğer bir birleştikleri nokta da bu konular üzerine konuşmanın doğru olmayacağı idi. Bunun iki nedeni vardı birincisi; bilmedikleri bir alanda konuşmamak içindi. İkinci neden ise; inançlarını tartışmanın günah olacağı korkusuydu. Tanrı'nın varlığını tartışmak bir yana, dinsel uygulamaların doğruluğunu-yanlışlığını dahi tartışamayacak kadar korku dolu olduklarını görmek ürkütücüydü.

Yaptığım konuşmalarda sürekli kafamı meşgul eden bir sorudan bir türlü kurtulamadım: İnsan bir düşünceyi, inancı tam olarak kavrayamayacaksa ve hatta bu bir şekilde yasaklanmış ise doğruluğuna nasıl inanabilir?

Bu sorunun bir yanıtı mutlaka vardır ama bu yanıt bu çevrelerin verebileceği bir yanıt kesinlikle olamaz. Bu türden (neden inanıldığına dahi bir yanıt bulunamayan) bir inancın içtenliğine inanmak oldukça zor görünüyor. Araştırmalar sonucu varılan bilinçli bir dinsel inançtan söz edemeyeceğimize göre; kendini, çevresini anlamada ve tanımlamada güçlük çekmenin yol açtığı korkuların pekiştirip güçlendirdiği bir inançtan söz edebiliriz.

Bu da insanın kendisini inkâr etmesi ve kendisini ve yeteneklerini yadsımasıdır. Bu yanıyla oldukça ürkütücü değil mi?

SON SÖZ

Aldığımız okuma notlarından oluşan bu çalışma, Alevilik üzerine yapılan klasik çalışmalardan çok uzak ve farklıdır. Aleviliği övmekten ve yermekten kaçınarak yazmaya çalıştık. Bu haliyle bile birçok kesimin canını sıktığımızı tahmin edebiliyoruz.

Bu çalışmanın birçok yönüyle eksik kaldığını kabul etmek gerekir. Seçtiğimiz konuların her biri bir kitap olabilecek nitelikte. Bundan dolayı istediğimiz düzeyde konuları işleyemedik. Ancak bu çalışmadan sonra yeni çalışmaların yapılmasıyla bu çalışma bir değer kazanacaktır. Derlediğimiz belgeler, bilgiler daha sonraki çalışmalarımızda bize çok kolaylık sağlayacaktır. Bu arada ulaşamadığımız birçok belge ve bilgiye de ulaşmayı umuyoruz.

Köylü Ayaklanmaları Anadolu'daki sınıf mücadelelerine ışık tutacağı için mutlaka titizlikle üzerinde durulması gereken bir konudur. Bu konuda çok değişik görüşler ve birbirini tutmayan savlar var. Bunların hiçbiri olaya sınıf mücadeleleri açısından bakmıyor. Bu bakış açısı ile kaleme alınanlar dahi yeterli düzeyde çalışma olmaktan uzak, bazen Alevi bakışı bazen de resmi tarihin etkilerini taşımaktadır.

Çalışmamızı hazırlama aşamasında yaptığımız okumalarda Dersim ve Dersim'de yaşayan Alevi Kızılbaşların inançları, etnik kimlikleri ve dilleri konusunda birçok yanlışın yapıldığını gördük. Çok sınırlı kaynağın olması bu konudaki çalışmayı zorlaştıran bir etmendir. Ancak bütün bu olumsuzluklara rağmen üzerinde titizlikle durulması gereken konulardan biridir.

Ancak bu çalışma eksikleriyle dahi birçok konuya yeni bir bakışı getirmektedir. Bu yanıyla bir tartışmayı başlatabilir ve yeni çalışmalara sebep olursak amacımıza ulaştığımızı kabul edeceğiz.

Son olarak bu çalışmanın kaleme alınması için manevi desteklerini bizden esirgemeyen dostlara ve arkadaşlara çok teşekkürler...

KAYNAKÇA

- Edebiyat Bilimi, Gennaddiy N. Pospelov Çevri: Yılmaz Onay Evrensel Kültür Kitaplığı
- Kapital Cilt I. II. III. Karl Marx Sol Yayınları
- Karl Marx, 1848 Elyazmaları
- Marx, Engels, Alman İdeolojisi (Feuerbach)
- Siyaset ve Felsefe (Komünist Parti Manifestosu) K. Marx - F. Engels
- Anti - Duhring Friedrich Engels Sol Yayınları
- Friedrich Engels, Doğanın Diyalektiği, Sol Yayınları
- Tarih Öncesi Ege Cilt I. II. George Thomason Çevri: Celal Üster, Payel Yayınları.
- Server Tanilli, Yüzyılların Gerçeği ve Mirası Cilt I,II, III
- Server Tanilli, İslam çağımıza yanıt verebilir mi?
- Server Tanilli, Diderot Çağı, Yaşamı ve Eseri
- Diderot (Abbe Barthelemy İle Diderot'un Konuşması) , Çevri: Server Tanilli
- Erich Formm, Psikanaliz ve Din,
- Şerafettin Turan; Türk Kültür Tarihi Türk Kültüründen Türkiye Kültürüne ve Evrenselliğe
- Aydın Çubukçu, Mantık ve Diyalektik, Evrensel Basım Yayın
- Ebubekir Pamukçu, Dersim Zaza Ayaklanmasının Tarihsel Kökenleri
- R. Yürükoğlu, Okunacak En Büyük Kitap İnsandır
- İ. Zeki Eyüboğlu, Alevilik-Sünnilik - İslam Düşüncesi
- İ. Zeki Eyüboğlu, Bütün Yönleriyle Bektaşilik
- İ. Zeki Eyüboğlu, Hacı Bektaşi Veli
- İ. Zeki Eyüboğlu, Sömürülen Alevilik
- İ. Zeki Eyüboğlu, Şeyh Bedreddin ve Varidat
- Atilla Özkırımlı, Alevilik Bektaşilik
- Prof. Dr. Fuat Bozkurt, Aleviliğin Toplumsal Boyutları
- R. Zelyut, Öz kaynaklarına göre Alevilik
- Peter J Bumke; International Rewıw of Ethnology And Linguistics Volume 74, 1979; Desmala Sure'de yayınlanan özet çevrisinden. (Çevri M. Hüseyin)

- Sosyalizm ve Toplumsal Mücadeleler Ansiklopedisi İletişim Yayınları Cilt 8
- Cemal Şener, Alevilik Olayı
- İlhan Cem Ersever, Aleviler'de Semah
- Prof. Dr. Mustafa Akdağ, Türkiye'nin İktisadi ve İçtimaiyi Tarihi. Cilt I, II
- Prof. Dr. Bedri Noyan, Bektaşilik Alevilik Nedir.
- Çetin Yetkin, Türk Halk Hareketleri ve Devrimler,

193